100 DIAS EM LISBOA

*Para Felipe,
que me inspirou a fazer esta viagem
e me faz feliz todos os dias.*

Prólogo: Por que escrever este livro?	8
Turista, viajante e moradora	14
A ginginha de Joel Silveira	28
Minha pátria é minha língua	36
Pequeno glossário português-português	41
Como a lógica vira piada	48
Você vai contar essa história no livro?	54
Em Lisboa, tudo é poesia	60
Vou de táxi	70
Queridos museus	78
O pobre, o rico e o classe média	90
Para além de Lisboa	100
Lisboa para infantes	110
Comida e afeto	124
As promessas e a modernidade	130
O Eldorado	134
Carta do achamento	142
A partida	150
Epílogo: Carta para Felipe	160
Caderninho de viagem	166

Prólogo
Por que escrever este livro?

"POR que eu não inventei este nome? Você agora é obrigada a fazer 100 dias por todos os lugares do mundo". Quem me disse isso foi o inglês Tahir Shah, jornalista e autor de 15 livros, dentre eles o delicioso *A casa do califa*. Nos idos de 2014, depois do lançamento de *100 dias em Paris*, fui convidada para participar de um evento sobre literatura de viagem junto com Tahir. Foi neste momento que ele vaticinou o meu futuro.

Se eu cumpriria esse desígnio, não sabia ainda. Permanecia em mim, porém, o desejo pela nova aventura, que sempre é viver em outro país. Suas palavras ecoavam por muito tempo dentro de mim, mas havia dificuldades para empreender uma jornada de 100 dias em um novo país, em especial financeiras. Não é barato viver em euros, em ienes, em dólares ou mesmo em won sul-coreanos. Não pense que não pesquisei. Com 100 reais eu compraria 34 garrafas de água na Coreia do Sul. Podia até ser uma possibilidade, mas quem disse que eu queria ir para a Coreia do Sul? Em compensação, com 100 reais na Europa eu conseguiria comprar somente 12 garrafas. Antes que você se entedie com esse meu papo chato e vá verificar suas mensagens no celular, encurto a história. Não tinha dinheiro para mais uma aventura de 100 dias. Mas as palavras de Tahir continuaram a me perseguir.

Cinco anos depois de *100 dias em Paris* eis que surge uma oportunidade única. Meu genro Marcus Soares decidiu fazer parte de seu doutorado em Lisboa. Após marchas e contramarchas da burocracia brasileira, seu destino foi confirmado e ele deveria embarcar com minha filha Isabel Gomes e meu neto Felipe em menos de um mês. Pirei! Então eu teria que ir, precisava cumprir minha sina, conseguindo assim matar muitos coelhos com uma só tacada: não me afastaria da minha família — e avó consegue ficar longe de neto? —, enfrentaria nova experiência de viver em um país não tão estranho assim e, enfim, cumpriria o vaticínio de Tahir Shah, embora ele nem saiba o quanto foi fundamental na minha decisão.

Para chegar lá, precisava de cúmplices, parceiros de sonho. Como sempre digo e é meu mantra, nunca é tarde demais para sonhar. E encontrei meus cúmplices: meu editor Julio Silveira, de mudança para Portugal na época em que fui, me deu a maior força. Amigas queridas, como Maria Ignez França, Valéria Schilling e Bia Radunsky resolveram embarcar comigo na aventura, o que diminuiu consideravelmente as minhas despesas em euros (deu até para comprar umas 100 garrafas de água). E os dois mil seguidores da página que criei na Internet pouco tempo antes de viajar, que me inspiraram, me deram dicas, curtiram o que escrevi e, principalmente, insistiram para que eu transformasse a minha aventura mais uma vez em livro.

Mais uma vez sentia que poderia inspirar pessoas a seguirem o meu exemplo de largar o cotidiano e se dedicar a criar outro em local desconhecido até então.

Tinha dúvidas durante a jornada se conseguiria material suficiente. Afinal, um livro precisa parar em pé e para isso é preciso bem mais do que *posts* na rede social. De volta ao Brasil, alapei a peida* diante do computador e a cada dia trabalhava em um texto já publicado, editando-o, acrescentando informações, cortando outras inúteis, em um trabalho febril que me ocupou um par de meses.

Valeu a pena, pelo menos para mim.

Eis *100 dias em Lisboa*. Nem melhor, nem pior, apenas diferente, e aqui copio o lema da minha escola de samba, o Salgueiro. Mais uma vez não pretendo fazer um guia de viagem, mas sim um inventário de sensações. O diferente neste livro é que eu conhecia muito bem Paris e pude me aventurar por lugares nem tão conhecidos assim, se é que existe isso na cidade mais visitada do mundo. Lisboa eu precisei conhecer. Embora já tivesse estado lá três vezes, pouco me lembrava. E a Lisboa que conheci em 1975, 1991 e 1992 não é mais a mesma. A cidade tranquila, quase triste, do século passado, que as pessoas chamavam pejorativamente de "porta de entrada da Europa", como se ela não fizesse parte do continente, tornou-se a meca do turismo no século XXI. Ganhou bairros novos, incrementou os antigos, tem uma vida cultural intensa, uma gastronomia elogiada, sem perder, porém,

---

* Não "percebeste"? Confira adiante, no capítulo "Minha pátria é minha língua", um pequeno glossário do português lusitano.

o velho charme: o fado cantado na Alfama e Mouraria; velhas senhoras vestidas todas de negro mostrando a sua eterna viuvez; senhores de chapéu que jogam cartas nas praças e o eterno bacalhau à lagareiro.

Um velho fado assim lamenta:

> *Não namores os franceses, menina, Lisboa. Portugal é meigo às vezes, mas certas coisas não perdoa. Vê-te bem no espelho, desse honrado velho que o seu belo exemplo atrai. Vai, segue o seu leal conselho, não dês desgostos ao teu pai. Lisboa não sejas francesa, com toda a certeza não vais ser feliz.*

Lisboa não é Paris e faz muito bem em não desgostar seus pais e nós, seus filhos e netos.

Turista, viajante e moradora

WANDERLUST (do alemão *Wandern*: "caminhar", "vagar" + *Lust*: "desejo" ou "luxúria"; em português: "desejo de viajar") é um termo que descreve um forte desejo de viajar, de explorar o mundo, de ir a qualquer lugar, em uma caminhada que possa levar ao desconhecido, a algo novo.

Definitivamente eu sofro desse mal. Todo mundo que me conhece sabe que só trabalhei — e ainda trabalho — para poder viajar. Nunca comprei carro caro; não me preocupei em ter vários imóveis. Minha vida foi sempre movida por esse tal de *Wanderlust*. Quando eu era bem pequena, meu sonho era ser aeromoça. De fato, achava que só assim teria asas para o mundo. Meu pai cortou as minhas asas, deixando entender que não era uma profissão adequada para moças de família — ah, os anos 1950 e suas ideias caretas... A verdade, porém, é que cresci e não fiquei nem tão alta, nem tão bonita, que eram pré-requisitos para a carreira, que de fato já estava por mim esquecida. Mas o *Wanderlust* não me abandonava. Virei jornalista e, com o primeiro dinheiro que recebi, como *freelancer*, fiz as malas e fui conhecer Buenos Aires.

E não parei mais. Hoje digo que fui turista, depois me tornei viajante e agora sou uma moradora.

Pergunte ao oráculo dos tempos contemporâneos a diferença entre um turista e um viajante e encontrará em poucos segundos 713 mil discussões sobre o assunto. Em algumas há quem diga que a diferença estaria na profundidade na forma de encarar a viagem. Em outras há a certeza de que o viajante é mais importante do que o turista, porque prefere estar sempre fora da zona de conforto e experimentar tudo o que a viagem oferece. E segue na análise: "turista faz *selfie*, viajante fotografa".

Eu prefiro não ser arrogante e pensar que, no meu caso, só pude virar uma viajante porque um dia fui turista, como todos os mortais. E ser viajante, ainda no meu caso, não significa experimentar tudo, mas tentar se perder nas cidades dando vez ao acaso para inúmeras descobertas. Pegar um ônibus sem saber o destino, porque sempre haverá a volta. Caminhar olhando para todos os lados, vislumbrando nesgas da cidade jamais vistas por mim. Para viajar assim é preciso pelo menos uma vez ter feito o que todos fazem: subir na Torre Eiffel, visitar o Vaticano, andar de gôndola em Veneza, subir no Empire State, enfrentar ciladas, pagar micos, suportar multidões se empurrando pelo melhor *selfie*.

É ruim? Claro que não, ao menos na primeira vez. Isto feito, aí sim, você se qualifica para, da próxima vez, ser viajante.

Uma coisa aprendi na minha vida é que experiência não se passa, ou seja, não foi viajante algum que me ensinou o caminho das pedras. Não adianta tentar que alguém entenda que o inverno não é a melhor época para ir pela primeira vez à Europa, porque nós, tropicais, com 15 graus já estamos tiritando (pelo menos nós, os cariocas). É melhor desistir de explicar a alguém que talvez seja melhor batalhar por um visto maior se vai ficar mais de três meses em algum lugar. Sempre esse alguém vai ter certeza de que, com o jeitinho brasileiro, tudo irá se resolver, até mesmo uma deportação. Outro alguém vai passar o limite de velocidade nas estradas norte-americanas, embora tenha visto em todos os filmes a polícia surgindo do nada com a sirene ligada e mandando o infrator parar. Ou seja, para entender tudo isso é preciso passar pela experiência.

E talvez por isso eu insista que os viajantes uma vez foram turistas e fizeram bobagem, embora possam ter se divertido para valer.

Não escapei disso, e nem gostaria, faz parte. Na primeira vez em que fui à Europa era inverno e me avisaram que o frio era intenso assim que saísse do avião. Acreditei — sou das que aceitam esse tipo de conselho — e no final da viagem fui ao banheiro e troquei de roupa. Coloquei camiseta térmica, ceroula, saia de lã, casacão, gorro e cachecol. Saí do avião no *finger*, fiquei no aeroporto aquecido sofrendo as agruras de passar pela imigração, entrei em um trem em direção ao centro de Londres, também com calefação.

Quando cheguei ao hotel estava à beira da desidratação e com saudades do calor que estava sentindo no Rio de Janeiro em pleno dezembro, que naquele momento me parecia ameno.

Esta primeira viagem foi extensa, como toda a primeira vez: Maiorca, Barcelona, Andorra (quem já foi à Andorra, levante a mão!), Madri, Lisboa, Amsterdã, Londres, Roma e Paris. Com 20 e poucos anos, sem falar língua alguma além do português pátrio, fiquei dois meses turistando, pegando trem, ônibus, ficando em hotel sem banheiro no quarto, sendo assediada por italianos conquistadores (ah, a juventude!), tentando estabelecer diálogos impossíveis com louros holandeses e até mesmo com um surdo marroquino que estava na mesma cabine do que eu. Só depois de alguns minutos é que percebi que o problema não era ele ser estrangeiro e falar uma língua estranha, e sim que ele não ouvia e falava com dificuldade. Viajei sozinha, fiz um curso em Maiorca, onde fiz amigos, daí a excursão à Andorra, procurei pessoas por onde passei, inclusive um famoso alfaiate italiano, Angelo Litrico, que havia entrevistado para a revista *Manchete*. Ele me deu um cartão com seu telefone em Roma, mandou que eu o procurasse e assim o fiz. Mais uma vez: juventude. A sorte é que ele era um *gentleman* e me apresentou aos seus amigos, até jantei na casa de um deles e foi um sofrimento: no cardápio, várias preparações de alcachofra, iguaria que adoro hoje, mas na época nem conhecia e detestei.

Enfim, problemas não tão graves assim eu enfrentei. E amei. Tomei gosto. *Wanderlust* total. Estava decidida que, a partir daquele momento, investiria todo o dinheiro que ganhasse para conhecer o mundo. Sabia que não seria como o personagem principal de um filme do final dos anos 1980, *O turista acidental*, dirigido por Lawrence Kasdan. William Hurt, o protagonista, era um escritor de guias de viagem, mas por onde andava mantinha inalterados seus hábitos americanos. Só comia hambúrguer, por exemplo. Eu estava decidida a experimentar tudo de novo nas cidades em que passasse — dos meios de transporte às iguarias, incluindo as alcachofras.

E assim o fiz por muitos anos. Fui a Paris mais de 20 vezes, sempre amando como da primeira vez; conheci a Rússia, quando ainda era União Soviética de Gorbachev, no inverno; fiquei deslumbrada com Copenhague e a beleza da cidade, das pessoas e das lojas de design; fiz um cruzeiro de dança que atravessou o Oceano Atlântico e foi um sonho romântico; conheci o norte da Espanha fazendo parte do Caminho de Santiago — sobre quatro rodas, claro! —; fui ao Egito, sonho também de infância que, confesso, foi meio decepcionante; passei três semanas na Grécia e para lá quero voltar sempre; subi de teleférico em Chamonix, na França, até um bar de onde se avistava o cume do Mont Blanc e o ar rarefeito fez com que perdesse o fôlego no primeiro degrau; estava no Alasca no 11 de setembro de 2001 quando o mundo mudou e as viagens nunca mais foram as mesmas. E muito mais. Repito, poderia ter comprado alguns carros com o dinheiro despendido, quem sabe um apartamento, mas não me arrependo nem um momento, porque o que aprendi e me diverti valem mais do que tudo o mais.

Pouco a pouco fui me tornando uma viajante e nem sei precisar exatamente quando. O que sei é que esta opção me fez ser liberta. Não me sentia mais na obrigação de ver absolutamente nada do que todos acham fundamental.

Por exemplo: recuso-me a enfrentar filas quilométricas para comprar uma caixa de pastel de Belém, em Belém. Opto por um pastel de nata de qualquer lugar, em especial da Manteigaria, também em Lisboa. E sem fila. Não subo mais enormes escadarias por causa de uma vista imperdível, que para mim sempre são *perdíveis* porque não valem o cansaço; não faço excursões, porque sempre são longas e nunca se demoram exatamente onde quero. Também não acho que ócio seja algo incompatível com uma viagem. Para poder me dar ao luxo de dormir de tarde se quiser, aprendi que menos é mais: menos lugares para ir, mais prazer assegurado. Com prazer podemos, por exemplo, caminhar ao léu, experimentar comidas novas, tentar conversar com as pessoas na rua.

Garanto que não foi por tédio, tenho certeza. Nem por estar cada dia mais *blasé* (embora já tenha sido acusada disso, não minto). A verdade é que no século XXI tomei a decisão de virar algo além de viajante: ser moradora. Em 2013 passei 100 dias em Paris, aluguei um pequeno apartamento em pleno Quartier Latin, comprei *croissant* na esquina, fiz feira, arrumei alguns amigos queridos e melhorei o meu francês, o que me permitiu não longas, mas boas conversas. Repeti agora em *100 dias em Lisboa*.

O que significa, para mim, ser moradora? Tranquilidade e pouca ansiedade, em primeiro lugar. Depois, a possibilidade de estabelecer hábitos, criar rotinas, que lembram de alguma forma sua vida anterior à viagem, mas acompanhadas de novo *élan*. Eu, por exemplo, a primeira coisa que fiz foi procurar uma academia, pois sou uma evangelista chata do exercício. Sem ele, fico mal. Depois, busquei nas imediações um bom pão, não vivo sem eles. E elegi o Minipreço, bem ao lado para fazer as compras do dia a dia. O pão é delicioso. Na casa, alugada pelo AirBnb, em Penha de França, fronteiriça com a Graça, estabeleci horários para o banho — sempre de noite para ir para cama aquecida — e escolhi o melhor lugar para colocar meu *notebook*. Ou seja, fiz do apartamento realmente a minha casa. Depois de um mês me mudei para Arroios e mais uma vez criei um lar para mim. Mudei de academia, elegi a Padaria Portuguesa (que tem filiais por toda Lisboa), continuei fazendo compras no Minipreço, que também abunda na cidade e até fiz uma limpeza nos dentes na clínica dentária em frente à minha casa pela módica quantia de 20 euros. Tornei-me frequentadora semanal do Mercado de Arroios, para compras e para almoçar nos restaurantes deliciosos que existem por lá.

Ser moradora tem também alguns perrengues. Sou da geração que continuou abrindo caminho para as mulheres serem o que quiserem. Minha mãe, Amaryllis, nascida em 1913, era professora no Piauí, e quando veio para o Rio de Janeiro trabalhou como secretária em uma importante empresa de combustíveis, a Standard Oil. Mas, depois do casamento e a pedido do meu pai, se tornou "do lar". Lavava, passava, cozinhava para o marido e dois filhos. E, mais do que tudo, se irritava. Decididamente, ela não gostava daquela vida. De vez em quando era ajudada por uma empregada doméstica, comum naquela época, com quem meu pai implicava até minha mãe ficar sozinha nos afazeres de novo.

Era assim em 1930, 1940, 1950 até os anos 1960, com o advento da pílula anticoncepcional, a entrada da mulher no mercado de trabalho em funções além de secretária e a revolução dos jovens dar uma chacoalhada no passado. E nada mais foi como era antes. Desde criança ouvi conselhos da minha mãe, muito explícitos, para que eu não seguisse o seu modelo. Para ela, era fundamental que eu tivesse uma profissão, trabalhasse, jamais largasse tudo por causa de casamento; e, de quebra, se desse, deveria me casar com um carioca, "porque são menos machistas que os nordestinos". Meu pai era do Rio Grande do Norte, obviamente.

Foi assim, com convicção, que virei uma mulher profissional. Comecei a trabalhar com 17 anos e não parei até hoje. Evidentemente, precisei contar com outras mulheres para que pudesse levar adiante o projeto de ser jornalista. Essa é a história das mulheres, sempre há outras para ajudar em uma sororidade verdadeira. Mais uma vez, sinto que me alonguei neste recordatório. Mas é fundamental para entender um perrengue, pelo menos para mim. Sendo moradora em apartamentos alugados tive que enfrentar o rojão de cuidar da casa, já que uma faxina custa mais ou menos 50 euros em Lisboa, porque o preço é calculado por hora trabalhada, e não por dia.

Assim sendo, eu que não sou nada prendada nas artes domésticas, peguei uma vassoura, um aspirador, um paninho e diversos produtos de limpeza para encarnar a faxineira moderna e com pouca prática. Para muitos esta é a grande desvantagem de estar hospedada pelo AirBnb. Afinal, no hotel a arrumadeira dá conta todo dia do quarto. Se a viagem é curta, claro que ficar em hotéis é mais confortável. E mais claustrofóbico, porque permanentemente você tem que arrumar o que fazer na rua. Hotel é, decididamente para turistas e viajantes, exceto aqueles que acampam no Saara, escalam o Everest e outras variantes do princípio de aproveitar tudo.

Para moradores, ficar em uma casa ou apartamento é fundamental. Assim, você pode se dar ao luxo de ficar um dia inteiro sem fazer nada, só vendo televisão e fofocando na Internet. Para isso, reforço, a viagem tem que ser longa como a minha, 100 dias. O melhor de tudo para mim é comer em casa toda noite. Eu, que odeio programas depois das sete da noite (tô velha, eu sei!), me sinto maravilhosamente bem em ver uma série comendo uma saladinha, sopa ou sanduíche comprado na esquina. Por isso mesmo, faço faxina com prazer, não é uma desvantagem, porque só reforça a sensação de estar em casa. Digamos que é um perrengue menor.

Meu neto chamava o seu lar em Lisboa de "casa de férias". Para mim foi somente a minha casa. Juro que acho muito importante ter a liberdade de encontrar a sua casa onde estiver, com todo bônus e ônus que isso represente

Saiba que, apesar de moradora, continuei um pouco viajante. Lisboa cada dia me revelou um lado especial. Uma esquina com um prédio lindo, uma loja que jamais havia visto ou visitado, um café charmoso e obras e mais obras que revelam que, cada vez mais, a cidade pode ser comparada a qualquer das badaladas capitais europeias. Os estrangeiros que invadem a cidade já perceberam isso e buscam essas joias perdidas na cidade, que estão além do circuito Chiado-Baixa-Bairro Alto-Belém.

Um dia, a caminho da Mouraria, vi uma construção maravilhosa bem na esquina do Largo do Intendente e por lá me aventurei. Pequeno, charmoso, *hype,* mistura a tradição de uma loja de cerâmica com a contemporaneidade da Casa Independente, no Edifício da Comarca de Figueiró dos Vinhos, palacete datado de 1863. A Casa tem uma programação diversa: concertos, exposições, ateliês, residências artísticas, recitais e saraus, dentre outras atividades. Mais ao meu estilo, recomendo um grande passeio dentro de A Vida Portuguesa. Discreta, ao fundo, basta atravessar o portão e entrar em contato com tudo de bom que os portugueses fabricam: azeites, sardinhas, cerâmicas, cremes e muito mais. Resumindo, amei o Largo do Intendente, onde talvez não tivesse nunca ido, se não fosse o hábito adquirido em Paris de flanar.

E, quem disse, que nesses três meses e pico não voltei também a ser turista? Confesso que foi tudo pelo meu neto Felipe. Afinal, é ele que me dá motivação diária para criar, sorrir e sentir um amor infinito. Por ele faço qualquer coisa, até mesmo enfrentar um programa tipicamente de turista: andei com ele de tuk tuk, uns triciclos motorizados de inspiração asiática, por um circuito clássico da cidade: Sé, Alfama, Graça. Foi divertido, porém longo. Eu sempre acho longo quando há alguém me explicando o que não quero muito saber. Antes que eu seja acusada de esnobe, metida a besta, explico logo: é só uma questão de gosto. Há gente que adora muitas explicações. Eu sou mais o tipo contemplo e depois pesquiso, quando o lugar me interessa. Talvez seja hábito de jornalista, que não gosta do discurso pronto. Gosto, sim, de escarafunchar o não dito. E o não dito não existe em excursões. Um guia, por melhor que seja, tem medo do silêncio e prefere contar piadas a respirar fundo de vez em quando.

Bom, isto posto, pelo meu neto enfrentei o Hippotrip, uma proposta perfeita para um infante e para a criança que existe em nós: um ônibus turístico que vira um barco ao entrar no Tejo. Não vou mentir, me diverti bem quando entramos na água, jogando água para todos os lados — e, para valorizar a situação, ao som do tema de *Superman*. O mais bacana para a contemplação foi ver o Padrão do Descobrimento e a Torre de Belém por um ângulo que só é possível estando em um barco. E descobrir a Fundação Champalimaud, com projeto arquitetônico surpreendente para um centro de pesquisas. Meu neto bateu palmas para o passeio, levantou os braços com empenho ao ouvir a guia gritar "hip hip", seguido pelo "hurra" dos passageiros. Quase todos, é claro. Tá bom, sou chata mesmo. Mas quando vi o olhar comprido do meu neto para mim, não hesitei: levantei o meu braço timidamente, mas bradei: Hurra! Como disse, por ele faço qualquer coisa. Não é que o pequeno está me ensinando a ser mais tolerante?

E já que estávamos em Belém, fomos comer Pastel de Belém, mas sem enfrentar a fila, simplesmente entrando no local, sentando em uma mesa entre as inúmeras pelos salões. Fica a dica.

Em resumo: todo morador é também um viajante e um turista.

Seja o que for, o importante é não perder o tesão pelos lugares, o tal *Wanderlust*.

A ginginha de
Joel Silveira

CONHECI Portugal muito antes de por lá aportar. Pelos fados cantados pela diva Amália Rodrigues, que meu pai Adalberto adorava, ("De quem eu gosto, nem às paredes confesso"); pelo bacalhau, prato sagrado na Semana Santa e que minha mãe Amaryllis fazia muito bem; pelos livros de História que apontavam que no Brasil ou se é descendente de índios, de negros ou de portugueses, ou uma grande mistura de todos. Remexendo no livro *A mística do parentesco*, de Edgardo Pires Ferreira, que herdei do meu lado materno, os Carvalho, descubro que na raiz da minha família está Domingos Pires Ferreira, nascido em 1718 em Bustelo, freguesia de Santa Maria Madalena da Vila da Ponte, província de Trás os Montes, em Portugal, e que veio morar no Recife com 7 anos de idade.

Eu nasci quase 250 anos depois, oriunda de uma família que já havia se bandeado para o Piauí, mas ninguém discute a ancestralidade, certo?

No colégio tinha algumas amigas filhas de portugueses, que se destacavam porque tinham as orelhas furadas — o que não era comum no meio do distante século passado. E obviamente o comércio era dominado pelos Manuéis e Joaquins, que faziam pão como ninguém. Na verdade, Portugal e Rio de Janeiro têm uma ligação tão profunda que ainda são os cariocas os que comem o melhor bacalhau no Brasil.

O que me atraiu, porém, para fazer minha primeira viagem para Portugal foi o ar de liberdade que lá se respirava depois de 25 de abril de 1974, quando a Revolução dos Cravos colocou fim na ditadura salazarista e sua horrível polícia política, a PIDE, que encarcerou e matou tantos. No Brasil ainda estávamos na ditadura militar, sob a batuta de Ernesto Geisel, que prometia uma "abertura lenta, gradual e segura", mas muitos filmes ainda eram censurados e não passavam no Brasil. Ir à Portugal para mim seria poder ver *O último tango em Paris, Laranja mecânica, Estado de sítio,* entre outros, enfim liberados no país. E ver também como estava o clima poucos meses depois da abertura abrupta.

Depois de Londres, Maiorca e Barcelona desembarquei em Lisboa. Amei respirar o ar de liberdade, de tanto que sentia falta, e me sentindo uma enorme transgressora fui ver todos os filmes, guardando na memória para contar para os meus amigos quando voltasse ao Brasil. Pode parecer pueril tudo o que descrevo, mas quem viveu a ditadura brasileira, sabe muito bem o que sofreram militantes ou não, um clima absurdo de denúncias, medo, repressão, cadeia e morte. Antes que alguém pare de ler o livro agora, sem antes pensar que discordâncias políticas são a base da democracia, mudo o meu foco para outro acontecimento fundamental na minha primeira viagem à Portugal: conhecer Joel Silveira.

Se você pesquisar a biografia de Joel Silveira, vai encontrar alguns dados básicos, como os que a Companhia as Letras descreve:

Nasceu em Aracaju, em 1918 e, em 1937, veio para o Rio de Janeiro, onde conviveu com artistas e intelectuais como Manuel Bandeira, Carlos Drummond de Andrade, Paulo Mendes Campos e Rubem Braga. Famoso pela mordacidade, destacou-se como jornalista e escritor. Cobriu fatos que marcaram a vida política do país. Sua primeira matéria de destaque saiu em 1943, na revista carioca Diretrizes *de Samuel Wainer. Trabalhou posteriormente com Assis Chateaubriand nos Diários Associados, em que atuou como correspondente na Itália durante a Segunda Guerra. Faleceu em agosto de 2007 no Rio de Janeiro.*

Vai encontrar ainda algumas frases geniais de Joel:

"Meu coração baterá em vão, quando minha mente julgar-se autossuficiente."
"Não sei se com o passar do tempo comecei a ver as coisas com mais clareza ou se estou ficando míope."
"Jornalista não é aquele que toca na banda, é o que vê a banda passar."

Naquele tempo, porém, eu não o conhecia bem, jamais havia trocado duas palavras. Ou melhor, via quando ele passava pela redação da revista *Manchete*, onde eu trabalhava e ele era colaborador, e nem pensava em conversar com ele, o repórter que todos nós, jovens jornalistas, queríamos emular. Era como ver Deus.

A *Manchete*, nos anos 1970, era uma revista poderosa e mantinha filiais em diversas cidades do mundo. A de Paris era famosa por ser na Place de la Concorde. Em Lisboa, obviamente, na Avenida da Liberdade, com suas árvores frondosas, ligando a Praça dos Restauradores à Praça do Marquês de Pombal; era e ainda é a principal avenida da cidade. E lá fui eu, com a ousadia dos 20 e poucos anos, conhecer o local e me apresentar como repórter, com certa pose de veterana para esconder o meu medo de iniciante. E quem estava lá? Deus. Ele olhou para mim e me adotou imediatamente. Eu, que pretendia ficar uma semana em Lisboa, fui levada por Joel por uma excursão pelo país. Ele estava fazendo uma grande reportagem sobre Portugal e lá fui a Batalha, Coimbra e Porto ouvindo e aprendendo com as histórias do Joel.

Fomos de carro os 313 quilômetros que separam as duas cidades mais importantes de Portugal. Deu tempo para Joel falar sobre a guerra da qual foi testemunha, e da recomendação de Assis Chateaubriand quando ele estava pronto para partir: "Seu Joel, não me morra, repórter é para reportar, não para morrer". Ou das "brigas" que tinha com Adolpho Bloch quando exigiam que ele prestasse contas das despesas de suas viagens. Acho que por isso pude viajar com ele, às expensas da *Manchete*. As histórias que ouvia embevecida eram interrompidas por paradas em diversos bares, onde Joel parava para beber, normalmente ginginha, uma das bebidas tradicionais da terrinha, licor que mistura ginja (uma cereja amarga) com aguardente, açúcar e canela. E em cada dessas paradas ele inventava uma história deliciosa: "nesse bar vem gente da Suécia só para tomar ginginha"; "aqui houve uma briga entre galegos e lisboetas, tudo por causa da ginginha". E descrevia detalhes das situações que inventava para nos entreter. E ríamos todos — eu, o motorista e o fotógrafo.

Joel permanecia sério para dar credibilidade às suas histórias.

Joel e Portugal estão definitivamente ligados na minha memória. Sinto uma saudade imensa de perambular pelos bares com Joel. Eu, que era e ainda sou abstêmia, podia vislumbrar o prazer que Joel sentia a cada gole, mas não arrisquei tomar ginginha, apesar dos protestos de todos. Nos despedimos na volta à Lisboa, quando ele me deu o seu cachecol ("onde já se viu sergipano, que não tem pescoço, usando cachecol?"), e prometemos muitos encontros no Rio de Janeiro, pois ele insistia que eu conhecesse a sua esposa Iracema e uma gata que ele amava. Quando ligava para o Rio de Janeiro, o que não era fácil de se conseguir, pedia para a mulher apertar a barriga da gata para que ela miasse e ele tivesse a certeza de que estava viva.

Nunca cumpri a promessa e disso muito me arrependo, especialmente depois que ele foi beber no além. Quando decidi fazer 100 dias em Lisboa prometi a mim mesma experimentar a tal ginginha em sua homenagem. Gostaria de ter voltado ao bar dos suecos ou ao do conflito, mas não conseguiria mais localizá-los. Isso se perdeu na memória, mas Joel Silveira nunca.

Tomei um gole de ginginha em Óbidos, nem gostei. "Tem gosto de xarope", resumiu minha amiga VS. "Mas parece que em Óbidos vem gente da Rússia só para tomar ginginha. E brigam com os americanos que por lá param com o mesmo objetivo", respondi.

Rimos, o que serviu para esconder a minha emoção.

Saúde, Joel!

Minha pátria
é minha língua

PARA mim, uma das canções mais espetaculares de Caetano Veloso é "Língua". E depois dessa temporada em Lisboa, me sinto mais apaixonada por alguns de seus versos. "Gosto de sentir a minha língua roçar a língua de Luís de Camões." Gosto de "gostar" e gosto de "gostoso". É assim mesmo quando nos deparamos com a nossa língua falada com outro cantar, outra música, outra entonação. A língua é deles, nós que seguimos falando um brasileiro numa América do Sul que se entende quase toda em espanhol. No princípio vem o espanto — que língua é essa? — de ambas as partes. Mas pouco a pouco a nossa língua começa a roçar a língua de Camões e adotar pequenas palavras que fazem tanto sentido. "Se calhar" é uma expressão que guardarei para sempre, mesmo que no Rio de Janeiro as pessoas não entendam tão bem. Mas acho perfeito, quando alguém propõe o mentiroso "vamos nos ver" carioca, o que jamais acontece, dar uma resposta imediata: "se calhar". A ausência de gerúndios também é um prazer, um gozo, quando ouvimos a língua de Luiz de Camões: "estou a fazer", "estou a cantar", "estou a curtir", "estou a chegar". Fico me perguntando — e reconheço que meu pensamento é indecente — se é assim que os portugueses anunciam o prazer máximo no sexo, com um "estou-me a vir", parente do inglês "I'm coming". Não posso afirmar e, quem souber, corrobore ou me desminta. "Gosto de 'ser' e de 'estar'", diz Caetano, em oposição ao único "to be" ou ao inflexível "être" — quem sabe, os portugueses encontraram outra maneira bacana de se exprimir na hora do amor. Como não sou filóloga e nem etimologista, passo para mais um parágrafo.

E quero me dedicar a criar confusões de prosódia. Nisso os brasileiros são campeões e me incluo nisso. As expressões corriqueiras tornam-se verdadeiros enigmas para os portugueses. "Me vê um pão". O que raios quer dizer o nosso famoso "me vê"? Tão simples para a gente, os informais, e tão confuso para os portugueses, que são absolutamente literais. Usei várias vezes a expressão e não consegui o meu intento, mesmo que fosse um simples pãozinho. Ou melhor, consegui sim, mas depois de uma hesitação profunda do meu interlocutor, que me fazia mudar o discurso: "se faz favor, um pão."

Fiz uma cara tão assustada também, quando um amigo, CV, filho de portugueses, e que estava ao mesmo tempo que eu na terrinha, e que se dedicava a deslindar o linguajar do norte de Portugal, me apresentou à expressão "alapar a peida". Tão chula quanto "sentar a bunda", mas bem mais engraçada. Eu ri muito e até hoje quando me vejo preguiçosa para me sentar diante do computador, lembro do "alapar a peida" e cumpro o meu destino.

Minha pátria é minha língua — resumiu Caetano inspirado em Bernardo Soares, um dos heterônimos de Fernando Pessoa. No *Livro do desassossego*, no fragmento 259, Pessoa/Soares assim definiu a mesma ideia:

> *Não tenho sentimento nenhum político ou social. Tenho, porém, num sentido, um alto sentimento patriótico. Minha*

pátria é a língua portuguesa. Nada me pesaria que invadissem ou tomassem Portugal, desde que não me incomodassem pessoalmente. Mas odeio, com ódio verdadeiro, com o único ódio que sinto, não quem escreve mal português, não quem não sabe sintaxe, não quem escreve em ortografia simplificada, mas a página mal escrita, como pessoa própria, a sintaxe errada, como gente em que se bata, a ortografia sem ípsilon, como o escarro directo que me enoja independentemente de quem o cuspisse.

Perdão, Pessoa, por este texto sem ípsilon. Porém estamos juntos, Caetano, Pessoa e eu. Só não tenho o talento dos dois e nem tenho essa pretensão, mas sei que me senti em casa quando comecei a entender o cantado e as expressões portuguesas; me identifiquei com o chiado que nós, cariocas, herdamos completamente; as vogais que somem nas bochechas em palavras como "vrão" (verão) "Blém" (Belém) e daí por diante. Hoje sei que minha pátria é minha língua, no Brasil e em Portugal. E também odeio uma página mal escrita. Gosto do Pessoa na pessoa.

Podia terminar essa mal traçada crônica com a letra completa de "Língua", mas sugiro que ouçam na voz de Caetano. Opto por criar um glossário informal português/português criado ao longo dos 100 dias com a colaboração de amigos, com o ouvido atento pelas ruas, nas páginas da Internet e nas legendas de seriados. Meu amigo CF, bom filho de portugueses, me ensinou há muito, por exemplo, que nós falamos muitas palavras do português arcaico. Um exemplo é "xícara", que em Portugal ninguém mais usa e que passou a ser "chávena" — que para nós parece até mais antiga. E chegou o momento confessional, me saio bem em matéria de ortografia, mas sempre me causa estranhamento escrever xícara. Para mim, "chícara" é o certo e já me dei a pachorra de corrigir o corretor automático. Todas as vezes em que escrevo a palavra, hesito. Agora mesmo aconteceu isso. Vou usar somente "chávena".

O certo é que há muitas diferenças entre as duas "línguas", algumas que entraram no anedotário, como (perdão) "pica no cu", que significa "uma injeção nas nádegas" ou "na bunda", como preferimos dizer. Lá "cu" é corriqueiro e encontrado até mesmo nas manchetes de jornais. Há quem alerte que algumas expressões não pegam bem, como "moça" ou "moço" (cuidado nos restaurantes, chame o garçom com um polido "por favor!"), que são pejorativas. Tratar alguém com o informal "você" também não é bem-vindo, pois lá só é usado em uma reprimenda. "Durex" nem pensar, a menos que esteja na farmácia e não na papelaria, porque significa "preservativo". Enfim, faço-o porque estou a tentar (olha isso!) minimizar os possíveis percalços na vida de um turista em Portugal e facilitar a vida dos próximos viajantes que irão procurar a nova pátria de linda língua.

Pequeno glossário português-português

À borla   de graça
Adianta um grosso   não adianta não
Agrafador grampeador
Água fresca   água gelada
Água lisa   água sem gás
Alcatifa   carpete
Alcatrão   asfalto
Alcunha   apelido
Aldrabão   trapaceiro, mentiroso
Aloquete   cadeado
Apelido   sobrenome
Arreganhar a tacha rir mostrando os dentes, gargalhar
Arrotar postas de pescada   contar vantagem
Atacadores   cadarços
Autocarro   ônibus
Autoclismo   descarga
Azeiteiro   brega
Banheiro   salva-vidas
Bater um couro   paquerar
Beata   guimba, bituca (Uma placa famosa entre os brasileiros diz "Proibido deitar beatas", isto é, "proibido jogar guimbas".)

Betinho mauricinho
Bibeirão mamadeira
Bica café curto ou *espresso*
Bico (fazer um) realizar sexo oral
Bloco sala de cirurgia
Borracheira bebedeira
Boxers cueca
Broche sexo oral
Bué muito ou muitos
Cabra *bitch* em inglês; no Brasil: vaca, cadela, referência desairosa sobre mulheres (Eu gosto mais de "cabra")
Cacete pão
Cacifo armário (de vestiário)
Caixa de velocidade marcha
Camisola camisa, pulôver
Canalha pirralho
Carioca café pequeno (mais fraco)
Carregar apertar, clicar (botões ou teclas)
Carrinha van, perua
Carta de condução carteira de habilitação
Casa de banho banheiro
Ceroula calça
Chumbar ser reprovado
Coima multa

Comboio   trem
Cueca   calcinha (ou cueca mesmo, mas é mais usada para mulheres)
Deitar fora   jogar fora
Dióspiro   caqui
Durex   preservativo
Ecrã   tela (de celular ou computador)
Elétrico   bonde
Esferovite   isopor
Estafeta   entregador (*motoboy*)
Estaleca   energia, ânimo
Estou toda num canho   estar muito cansada
Estrogido   refogado
Fato   terno
Fato de banho   maiô ou sunga
Fiambre   presunto (cozido)
Ficha   tomada
Fino, imperial   chopp
Fixe   legal
Galão   café com leite (geralmente, no copo)
Gajo   rapaz
Garoto   café pingado (pequeno)
Gasóleo   diesel
Giro   bonito, bacana
Graxista   puxa-saco

Guarda-freios condutor do bonde
Levantar retirar, sacar
Lima limão (**limão,** por sua vez, é lima)
Lixívia cloro, água sanitária
Magoar machucar
Malta turma
Mandar bitaites dar opiniões
Moca bêbado
Morada endereço
Mota moto
Natas creme de leite
Nem por isso eufemismo para "não"
Obliterar picotar a passagem (trem)
Oferta presente
Paneleiro gay
Paragem parada
Parolo bobo, maluquete
Passadeira faixa de pedestres ou esteira ergonômica
Pequeno almoço café da manhã
Perceber entender, compreender
Pica energia, entusiasmo
Pica-pau espécie de picadinho
Piroco cantada
Piroso cafona

Podre de bom superlindo, supersexy
Porra recheada churros com recheio
Porreiro muito legal
Portagem pedágio
Propina anuidade (universidades)
Puto menino
Ranhoca meleca
Rapariga menina
Rotunda rotatória
Saloio caipira
Sandes sanduíche (diz-se "uma sandes")
Sanita vaso sanitário
Sapatilha tênis
Sarrilhos encrenca
Se fazer a ela(e) dar em cima dela(e)
Sítio lugar
Talho açougue
Tanga sunga
Tasca bar
Telemóvel celular
Tramado ferrado
Travão freio
Trilho trilha
Utente usuário
Vou dar de frosques vou fugir

Muitas palavras, ainda que familiares, podem causar estranheza aos ouvidos brasileiros, pelo hábito de "poupar" as vogais — por exemplo, quando alguém diz que as férias na praia foram um "vrão fliz". Se, por um lado, lá economizam vogais, por outro lado capricham nos pronomes, que pipocam em ênclises e mesóclises até em conversas informais: "merecem-se", "desiludiste-te", "ser-lhe-á", "pediu para lho dizer". Já que estamos na gramática, além do gerúndio, outro tempo verbal que está caindo (ou "a cair") em desuso é o futuro do pretérito. Quando ouvir um lisboeta dizer "eu gostava" não vá pensando que ele vai falar da saudade dos tempos idos... ele está apenas a pedir algo ou, em bom (ou pelo menos o *nosso*) português ele está dizendo apenas que "gostaria".

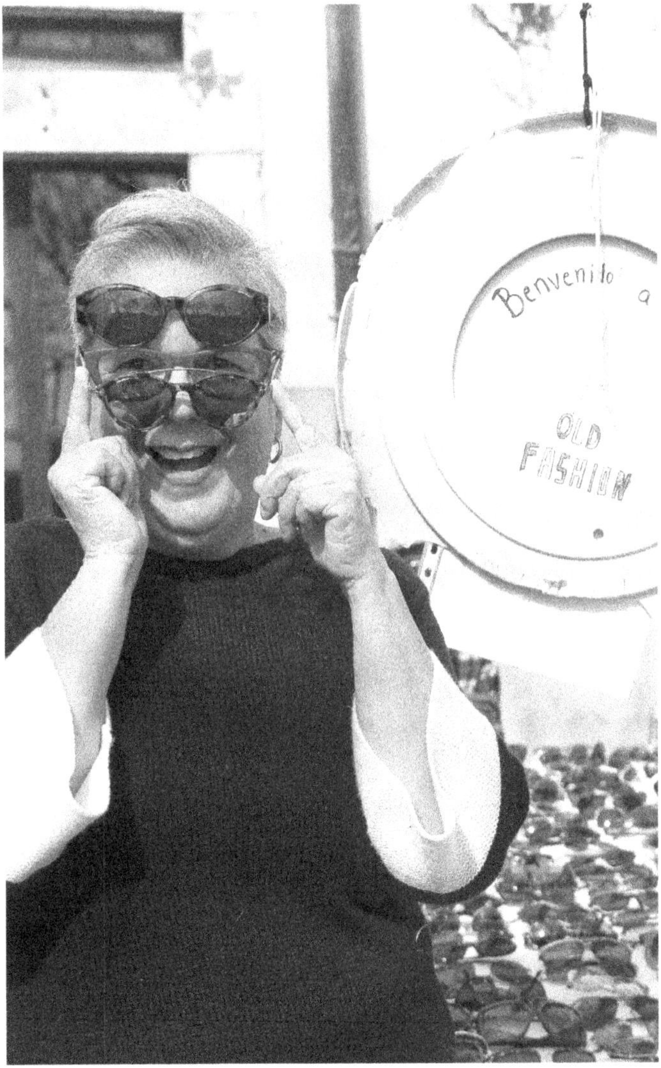
Benvenito a
OLD FASHION

Como a lógica vira piada

NÃO só as palavras confundem brasileiros e portugueses, mas a maneira de pensar dos europeus nos intriga. E por vezes viram piadas: no Brasil, nosso alvo preferencial sempre foram os portugueses e, com certeza, lá eles falam de nós às gargalhadas. Não ouvi nada, mas garanto que a nossa forma de ser vago entra em choque com a objetividade dos portugueses. O que eles dizem é exatamente o que é, sem subterfúgios. Os portugueses, na verdade, têm uma lógica impecável e implacável. E foi isso que rendeu as tais mil e uma piadas de português que são contadas há milênios no Brasil. Aliás, se um português lesse o que acabei de escrever, poderia dizer: "Milénios? Isso não é possível". Eles são absolutamente racionais e respondem exatamente o que você pergunta. Metáforas não são o forte deles.

Quer exemplos maravilhosos?

Minha amiga AL tentou falar com um amigo que estava em Portugal e ao ligar fez a pergunta clássica: "posso falar com fulano?". A resposta foi "não", seguida de um interminável diálogo:

— Ele está dormindo?

— Não sei.

— Você poderia verificar se ele está?

— Não posso.

— Por favor, é importante, preciso falar com ele.

— Não posso.

Ao fim de extenuantes dez minutos, a conclusão:

— A senhora não pode falar porque ele não mora aqui.

Não pensem que na Inglaterra ou na Alemanha seria diferente. E vai aí mais um diálogo dessa vez na terra da rainha, de um homem que pede informação na rua:

— Eu queria ir ao Covent Garden.
— Por que não vai? Não estou te segurando!

Tente pedir na Alemanha um sanduíche só de presunto no lugar onde vendem sanduíches mistos. Não vai conseguir. Aliás, quase o mesmo aconteceu em Portugal: havia uma sobremesa no cardápio que vinha acompanhada por uma bola de sorvete. Quando pedimos só o sorvete para a criança da mesa, é claro que não foi possível. Pizza de dois sabores: esqueça. Não colocar cebola em um prato, nem pensar. Enfim, são maneiras de ser e nós, brasileiros, acostumados à malemolência, ao jeitinho, ao pode tudo — para o bem e para o mal — às vezes somos intolerantes ao que é diferente de nós. Como disse Caetano, mais uma vez citado, "Narciso acha feio o que não é espelho". Mas talvez seja esta compreensão do mundo de forma mais rígida que tornou a Europa o que é. Especialmente Portugal, que vive um momento espetacular de crescimento, seja na economia, seja no avanço das políticas ligadas aos direitos humanos, seja na porta entreaberta para turistas e imigrantes — muitos são contra, mas há também os que desejam que a porta seja escancarada.

E antes que fique muito sério este capítulo, vou dar de presente aos portugueses que, se calhar, derem uma olhada neste livro, uma piada pronta de brasileiro, da qual eu e minha amiga MIF somos as protagonistas. Lá pelos idos dos anos 1990 era necessário chamar a companhia telefônica de Portugal para fazer uma ligação internacional. É isso mesmo, crianças, não havia ainda o DDI. Afinal estávamos no século passado. Pois bem, eu e minha amiga MIF estávamos visitando o nosso amigo CF e, para economizar as taxas do hotel para telefonemas, quando íamos a sua casa aproveitávamos para fazer ligações internacionais (a cobrar, gente!) para nossos familiares. No primeiro dia, fomos atendidas assim:

— Marconi falando.

— Bom dia, Marconi — respondemos educadamente e a nossa ligação foi feita.

No segundo dia, Marconi de novo ao telefone e comentamos que havia muito pouca gente trabalhando na telefônica de Lisboa. No terceiro dia, uma mulher atendeu e antes que pensássemos que Marconi finalmente estava de folga, ela disse:

— Marconi falando.

Piada pronta: Marconi era o nome da companhia telefônica de Portugal, que foi extinta em 2002. Convenhamos, porém, que o atendimento iniciado com essa curta frase nos induziu ao erro. Ou fomos burrinhas mesmo e não paramos para pensar que o italiano Guglielmo Marconi, inventor da transmissão sem fio dava, evidentemente, nome à companhia telefônica portuguesa.

Hoje, é claro, existe o Google, que também não era nem projeto no século anterior, assim como os *smartphones*!

Termino dando uma dica fundamental: os franceses têm mania de dizer "desolé" quando você faz um pedido. Tão desolados quanto firmes, até você perceber que não vai mesmo conseguir o que deseja. Os portugueses são diferentes: dão de cara uma má notícia, para depois simplificar. Exemplo: fui no dia 15 me inscrever em uma academia para frequentar apenas por um mês. A atendente, desolada, me explicou que a mensalidade começava no dia 1º. OK, e o que faço? "Paga a metade no primeiro mês e a outra metade no segundo", o que dava rigorosamente na mesma, em termos de euros despendidos. Outra: fui ao Correio postar algo para a Alemanha; peguei a caixa na prateleira, embalei tudo e, ao chegar ao balcão, fui informada que a caixa só servia para encomendas nacionais.

— OK, e o que faço?

— Ora pois, não tem problema, boto uma faixa dizendo que é internacional.

Aqui no Brasil se diz que há o costume de inventar complicações para cobrar facilidades. Não é o caso de Portugal, porque não se gasta um euro a mais para conseguir a resolução do problema, criado por eles mesmos. Tenha certeza de que após uma má notícia virá a solução. Nem sempre, porque vale dizer que os presentes que enviei para meus amigos AL (ela não dá sorte com Portugal) e HK jamais chegaram. Imagino o que o alemão do outro lado pensou ao ver a fita escrita internacional em uma caixa nitidamente, para ele, de envio nacional. Como um amigo querido dizia: "os alemães são portugueses que aprenderam matemática". Usando a mesma lógica impecável, o funcionário germânico deve ter devolvido. Jamais saberei, porque fui embora antes do resultado desse imbróglio internacional que causei.

A minha teoria da lógica impecável e implacável é contestada por um amigo querido. Segundo ele, esses "causos" que brasileiros adoram contar são apenas portugueses sarcásticos reagindo ao que eles consideram grosseria dos brasileiros. Ele garante que sua tese é ratificada pelos amigos nativos. E usa como exemplo o telefonema descrito no início do capítulo: se a interlocutora tivesse começado com "peço desculpas", "se faz favor" certamente a resposta não seria tão demorada e certamente mais solidária. Vai saber...

Eu, no entanto, tive a oportunidade de ratificar a minha tese da lógica impecável e implacável. Uma portuguesa gentil que seguia os meus *posts* na rede social, comentou que adorava o que estava lendo, mas não tinha entendido a tal "lógica impecável e implacável". E não havia sarcasmo algum nisso.

CQD.

Você vai contar essa história no livro?

AQUI em Lisboa tudo funciona bem, até as fechaduras dos banheiros públicos. Para você pode não ser importante, mas para mim é fundamental.

Tudo começa com esse diálogo imaginário:

— Você vai contar essa história no livro?
— Claro que vou.
— Mas não fica bem.
— Fica sim. Pelo menos é engraçada.
— Tem certeza?

Ora, se tenho. Acredite se quiser, vou falar de banheiros, portas, maçanetas, trincos e afins. Sei que você vai rir de mim. Eu mesma rio sempre quando penso sobre o assunto. Sendo curta e grossa: já fiquei presa em banheiros públicos, em minha própria casa, em restaurantes. Pode isso? Alguns dizem que só pode ser *karma* e de vez em quando, especialmente quando me vejo sem saída, acredito nisso firmemente.

Dizem as leis que certos crimes são cometidos por Negligência, Imprudência ou Imperícia. Acho que no tribunal não escaparia da pena pelos três conceitos.

Sendo assim, vou contar os ocorridos, Meritíssimo!

Tudo começou na minha própria casa, cuja maçaneta do banheiro estava caindo e, ao invés de consertar, preferi tirar a própria, ou pelo menos um lado. Uma amiga havia ficado presa quando caiu a maçaneta e tive a brilhante ideia de deixar uma só: por fora. Santa ignorância! Um dia depois, entrei no chuveiro, a porta bateu sozinha e me vi olhando para os lados e avaliando os riscos de vida: água, OK, de sede não morrerei; toalha, OK, deito-me no chão e me cubro. Insatisfeita e cheia de adrenalina correndo no sangue comecei a gritar na vã esperança de que alguém me ouvisse. Nada. Como estava sozinha em casa e vizinho algum me ouviria, decidi encontrar um meio de fugir da situação. E das vantagens de ser desorganizada, encontrei uma chave de fenda e com ela arrebentei a porta de veneziana e estava livre.

Meritíssimo, Vossa Excelência acha que sou culpada?

Então vamos ao segundo caso, fiz uma viagem longa até Manaus, em um momento da vida que não estava lá muito bem. Pois bem, ou mal, saí da minha casa com a sensação de que não iria voltar. Ao chegar no aeroporto fui ao banheiro e fiquei presa no reservado. Tive que subir no vaso e aí meus gritos surtiram efeito, mulheres se mostraram solidárias e foram procurar o rapaz da manutenção, que me livrou da prisão, mas não da sensação de um "mico" universal.

E da crise de ansiedade que só se resolveu colocando um comprimido goela abaixo.

Até que me saí bem nessa, Vossa Excelência concorda?

E minhas agruras se estenderam pelo estrangeiro. O terceiro caso aconteceu em Buenos Aires. O banheiro se fechava com um pequeno trinco acima da fechadura. Ou pelo menos assim eu pensava. Quando olhei para a pia (não me pergunte de onde) vi a... tchã, tchã, tchã... maçaneta. Ou seja, a porta não abria. Esmurrei a porta, mandei mensagem para os amigos que estavam no bar e fui mais uma vez salva.

Meritíssimo, Vossa Excelência há de convir que inúmeros infortúnios não foram causados pela minha pessoa.

Para terminar, o último: não estava em um banheiro, mas em um apartamento alugado em Paris, mais especificamente no meu quarto, cuja maçaneta andava meio bamba. Sozinha, normalmente não fechava a porta, mas neste fatídico dia, resolvi dar uma dormidinha, fechei e quando acordei vi a maçaneta no chão e eu novamente presa. O celular estava dentro do quarto, liguei para o proprietário e em um francês canhestro tentei explicar a situação. A palavra mais próxima que veio à minha cabeça foi *"caché"*, que significa escondida. Felizmente ele entendeu e me perguntou se era um problema na *poignet de porte*, concordei sem muita certeza de que seria a maçaneta e ele apareceu em 20 minutos para me resgatar.

Pronto, Meritíssimo, acabei com meu inventário de desilusões e problemas!

Já sei, sou culpada por imperícia, negligência e imprudência. Minha pena, sei também, será prestar mais atenção cada vez que entrar em um banheiro, seja meu ou público. E mais ainda no exterior.

Você, que me lê esse livro, deve estar pensando que raios eu quero dizer com história tão longa e sem sentido para o *100 dias em Lisboa*. Ahá, tudo a ver! Elegi Lisboa a minha cidade preferida no mundo no quesito fechadura.

Em qualquer lugar que entro vejo a simplicidade e praticidade que os portugueses optaram como fechadura de lugares públicos. Um trinco com *design* que impede qualquer pessoa de ficar presa.

Veja que simplicidade:

Obrigada, Portugal. Certamente não precisarei mais ser forçada a dar depoimento sobre o assunto e muito menos escrever outro capítulo sobre isso.
— Eu disse que não ficava bem.
— Será?

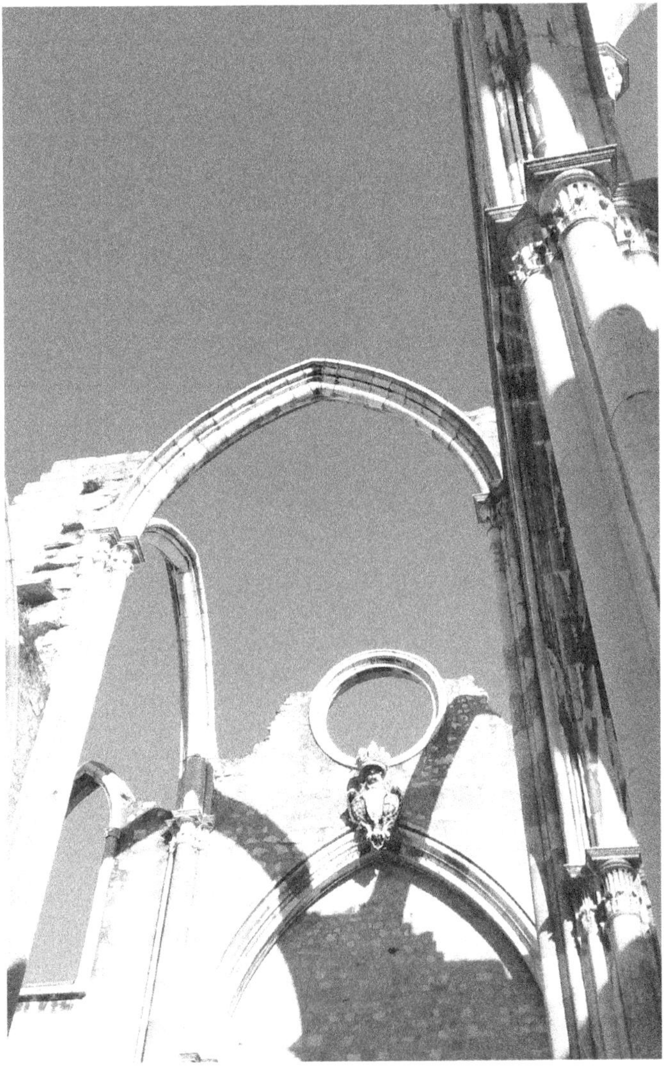

Em Lisboa, tudo é poesia

É difícil pensar Lisboa em prosa. Tudo remete à poesia, mesmo a quem como eu é muito mais amante das linhas corridas do que de versos. Não foi uma nem duas vezes que me vi pesquisando sobre determinado autor, buscando versos que descreveriam melhor do que parágrafos minhas sensações ao ver locais tão especiais. E vou além, quando penso que tudo é poesia em Lisboa fujo da exata definição de poesia, mas busco ampliá-la no sentido mais corriqueiro, quando alguém quer elogiar algo e usa poesia como adjetivo. "O andar dessa mulher é uma poesia". Ninguém falaria que é um romance, certo? Pois bem alguns bairros de Lisboa são pura poesia.

Poesia lembra encantamento, romantismo, deslumbre, sentimentos fortes que emergem quando se está na nossa terra ancestral.

É impossível sentar-se na beira do Tejo sem pensar na poesia de Alberto Caeiro, um dos heterônimos de Fernando Pessoa, e imaginar pequenas aldeia banhadas por pequenos e fundamentais rios e a grandiosidade do rio quase mar, que é onipresente em Lisboa:

> *O Tejo é mais belo que o rio que corre pela minha aldeia*
> *O Tejo é mais belo que o rio que corre pela minha aldeia*
> *Mas o Tejo não é mais belo que o rio que corre pela minha aldeia*
> *Porque o Tejo não é o rio que corre pela minha aldeia,*
> *O Tejo tem grandes navios*
> *E navega nele ainda,*

Para aqueles que veem em tudo o que lá não está,
A memória das naus.

O Tejo desce de Espanha
E o Tejo entra no mar em Portugal.
Toda a gente sabe isso.
Mas poucos sabem qual é o rio da minha aldeia
E para onde ele vai
E donde ele vem.
E por isso, porque pertence a menos gente,
É mais livre e maior o rio da minha aldeia.
Pelo Tejo vai-se para o Mundo.
Para além do Tejo há a América
E a fortuna daqueles que a encontram.
Ninguém nunca pensou no que há para além
Do rio da minha aldeia.

O rio da minha aldeia não faz pensar em nada
Quem está ao pé dele está só ao pé dele.

Estar em Lisboa é respirar Fernando Pessoa em todas as partes. Ele viveu somente 47 anos e virou sinônimo de Portugal para o mundo. A Casa Fernando Pessoa é um pequeno museu de Lisboa, montado no apartamento em que ele viveu seus últimos 15 anos e nela pode-se entrar em contato com a vida e a obra do poeta, através dos livros de que gostava, suas poesias espalhadas pelos quatro cantos da casa e uma surpreendente sala multimídia, em que todos podem brincar de conhecer um pouco mais a vida e a obra dele. Não preciso falar mais de Fernando Pessoa, pois não há quem desconheça pelo menos algum aspecto de sua vida. Que poema você escolhe em sua obra? Que heterônimo lhe é mais querido? Sou louca por Álvaro de Campos e meu poema predileto é "A tabacaria", em que Pessoa mais se aproxima da prosa. Deixo aqui neste *100 Dias em Lisboa* os versos iniciais, que revelam um pouco de cada um de nós:

> *Não sou nada.*
> *Nunca serei nada.*
> *Não posso querer ser nada*
> *À parte isso, tenho em mim todos os sonhos do mundo.*

Em Lisboa, é difícil também desconhecer a mais importante poetisa portuguesa, que em 2019 completaria 100 anos, Sophia de Mello Breyner Andresen. E seu centenário aumenta mais ainda a sua presença na cidade. Sophia, por exemplo, está nas paredes do Oceanário de Lisboa, em pequenos recantos, nos quais o visitante pode sentar-se um pouco e apreciar com calma a beleza das espécies marinhas e também seus versos:

> *Quando eu morrer voltarei para buscar*
> *Os instantes que não vivi junto do mar*
> *Mar*

Confesso, os pelos arrepiam, as lágrimas enchem os olhos e quem não virar devoto de Sophia perderá uma grande oportunidade.

Eu conhecia a poetisa na voz de Maria Bethânia e da sua biografia só sabia que ela era mãe de Miguel Souza Tavares, um dos meus escritores prediletos (tudo o que desejava na vida era ter escrito o seu romance, *Equador*), me tornei uma perseguidora da obra e vida de Sophia. Ela nasceu em 1919 e passou a infância na casa de seu avô, a Quinta de Campo Alegre, onde existe hoje o Jardim Botânico do Porto. Uma casa vermelha, de inspiração espanhola, com átrio imponente. Esta casa ela chamava de Palácio do Minotauro, imortalizado nesta poesia:

> *Era um dos palácios do Minotauro*
> *— O da minha infância para mim o primeiro —*
> *Tinha sido construído no século passado (e pintado a vermelho)*
> *Estátuas escadas veludo granito*
> *Tílias o cercavam de música e murmúrio*
> *Paixões e traições o inchavam de grito*
> *Espelhos ante espelhos tudo aprofundavam*
> *Seu pátio era interior era átrio*
> *As suas varandas eram por dentro*
> *Viradas para o centro*
> *Em grandes vazios as vozes ecoavam*
> *Era um dos palácios do Minotauro*
> *O da minha infância — para mim o vermelho*

Desde os estudos de Filologia Clássica na Universidade de Lisboa Sophia liderou movimentos antisalazaristas, tendo em 1975 sido eleita para a Assembleia Constituinte, pelo círculo do Porto, numa lista do Partido Socialista. "Vemos, ouvimos e lemos. Não podemos ignorar!" — de "A Cantata da Paz", é uma das marcas da sua militância. E muito mais de sua luta na política poderia falar, mas suas poesias são mais fortes e nos fazem lembrar que tempos obscuros não podem voltar nem em Portugal, nem no resto do mundo.

E continuei seguindo Sophia. Quantas vezes me vi olhando o seu rosto lavrado em bronze, que encima o Miradouro da Graça, que leva o seu nome. No Panteão visitei o seu túmulo. Devorei os seus livros. Em uma ida ao Porto, fui ao Palácio do Minotauro e me deslumbrei com a belíssima Galeria da Biodiversidade, que mistura ciência e poesia com maestria e faz jus à poetisa. Quem me falou sobre o local pela primeira vez foram minha filha e meu genro, ambos trabalhadores com muito orgulho de museus. Após uma visita ao Palácio — definido oficialmente pela instituição como "um espaço onde a arte se cruza com a biologia e a história natural, estimulando uma panóplia de experiências sensoriais, propositada e cuidadosamente concebidas para celebrar a diversidade da vida". O espaço onde Sophia passou a infância e onde sua poesia é lembrada me fez "viajar" mais ainda pelos 49 módulos expositivos e instalações. Olhei cada detalhe da exposição com atenção, assim como a linda arquitetura do átrio e a intensa cor vermelha da fachada, como se ela ainda estivesse por ali também com olhares argutos.

Depois dessa imersão no mundo de Sophia, gostaria também de ter escrito muitos de seus poemas. Sigo assim na família e gostaria de chamar de meu seu poema sobre o feminino, "O mar dos meus olhos"

> *Há mulheres que trazem o mar nos olhos*
> *Não pela cor*
> *Mas pela vastidão da alma*
> *E trazem a poesia nos dedos e nos sorrisos*
> *Ficam para além do tempo*
> *Como se a maré nunca as levasse*
> *... Da praia onde foram felizes*

A poesia, de forma transversa, habita dois bairros lendários de Lisboa: Mouraria e Alfama. Dois bairros que são pura poesia e fazem a nossa mente viajar. Neles vive a tradição do fado e os versos nostálgicos invadem as casas dos bairros à noite cheias de turistas ávidos:

> *Se bem do corpo te tiro, gemidos duma guitarra*
> *É contigo que eu deliro e minh'alma se desgarra*
>
> "Guitarra Imaginada"
> Antonio Torres da Guia e Raúl Portela

Caí de amores pelos dois bairros, desde a primeira vez em que botei os meus pés por lá. É como se a essência de

Lisboa estivesse guardada nas ladeiras cheias de pequenos becos, nas pequenas casas com um Santo Antônio à porta, nos seus moradores que são reverenciados em imagens que enfeitam as paredes. Existe algo mais poético do que isso? Claro que me permito aqui ultrapassar o sentido tradicional do que é poesia. Além dos livros, a poesia pode ser encontrada nos retratos dos grandes cantores de fado incrustados na branca alvenaria da Mouraria, onde tudo começou. Alfama seguiu a tradição e pelas suas ruelas pode-se encontrar José de Freitas, "figura icônica da Alfama e do Desporto Nacional", ou Dona Maria Emília Carvalho, "que continua a apregoar o peixe fresco em Alfama, fazendo recordar os tempos de outrora do bairro". Poesia pura, daquela que se encontra em momentos mágicos.

Que a gentrificação, com seus *coffe shops* e *coworkings* não chegue à Alfama e à Mouraria — mas se ela chegar que se mantenham as fotos, os fados e a poesia!

Como boa brasileira, encerro esse capítulo, que espero tenha sido agradável para os amantes da poesia e revelador para os adoradores da prosa, com Manuel Bandeira e seu poema "Portugal, meu avozinho", um símbolo do que nós, os brasileiros, sentimos normalmente por Portugal: terra dos nossos antepassados, terra dos grandes navegadores que um dia cruzaram o oceano, terra velha em busca do novo. Um avô que busca ser jovial em suas conquistas, que sobreviveu a um terremoto, um maremoto e um incêndio subsequente e precisou se reconstruir. E hoje é novo e pujante, sua poesia continua eterna e podemos nos deitar no seu colo, como amorosos netos.

Como foi que temperaste,
Portugal, meu avozinho,
Esse gosto misturado
De saudade e de carinho?

Gosto de samba e de fado,
Portugal, meu avozinho.
Ai, Portugal, que ensinaste
Ao Brasil o teu carinho!

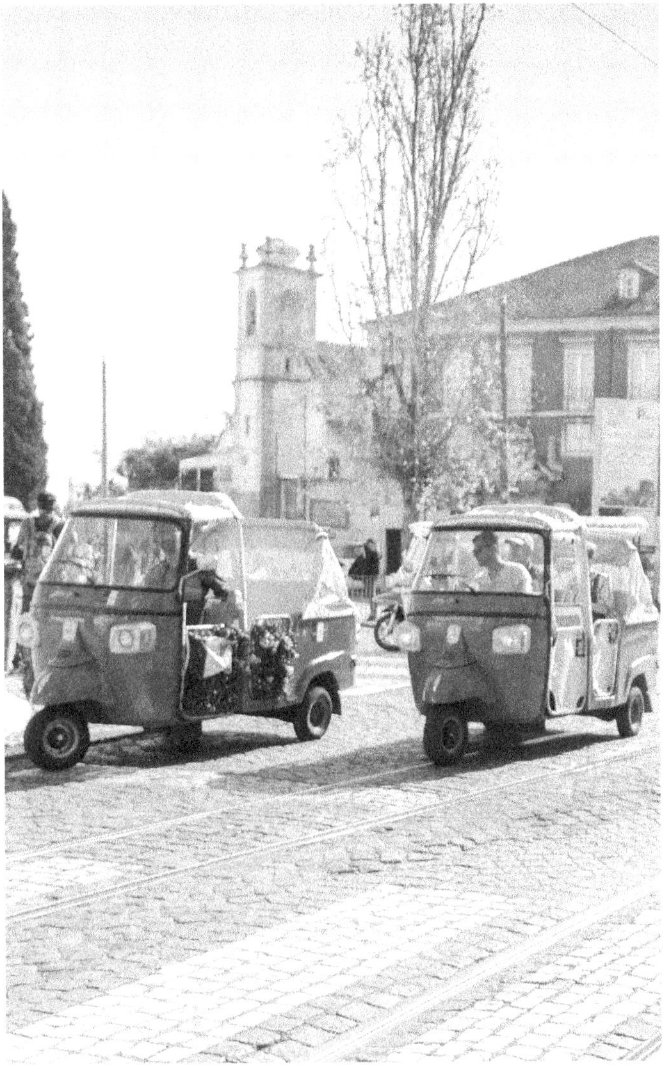

Vou de táxi

QUEM ganha em real precisa fazer economia quando está vivendo em euros. Minha primeira providência ao chegar em Lisboa — orientada por minha filha, uma *expert* em economia doméstica — foi comprar um cartão para usar nos transportes urbanos: autocarro, metro, eléctrico e comboio, que são os nossos, respectivamente, ônibus, metrô, bonde e trem. Poderia ter comprado um mensal, mas achei melhor um recarregável por um motivo simples: eu iria pegar táxis também, porque este é, sem dúvida, o melhor meio de transporte na volta para casa após um dia de caminhada.

Eu sabia que iria usar muitas vezes a "mãozinha", que é como minha amiga MIF, companheira da primeira metade da viagem, chamava o gesto de acenar para os carros passantes. E assim foi, para deleite do meu neto que quase desaprendeu a andar de ônibus depois da minha temporada em Lisboa. Avós são assim mesmo, nasceram para deseducar. Ele era o mais animado quando decidíamos em segundos que iríamos voltar para casa de "mãozinha". Táxi não é caro em Lisboa, cidade pequena, em que tudo está a mais ou menos dois quilômetros, à exceção de Belém e do Parque das Nações, bairros mais afastados, a cerca de seis quilômetros. As corridas custam normalmente 5 euros, o que permite a extravagância.

Por isso mesmo, a rotina da "mãozinha" se perpetuou pelos 100 dias.

Experiente no assunto, diligente como repórter que sempre serei, decidi que observar os taxistas de Lisboa poderia ser uma boa maneira de entender a cidade e fazer um estudo pseudo-sociológico-psicológico-antropológico. Faço isso no Rio de Janeiro — mas nunca em época de eleições e de ânimos exaltados —, e já consegui relatos interessantes, assim como tive que encarar muitas horas de rádios populares ou vídeos religiosos, bandas gospel ou um padre rezando um interminável rosário. Na pior das hipóteses, poderia render um capítulo de um livro.

Ei-lo:

Cerca de 13 mil táxis circulam diariamente nas estradas portuguesas, 4.500 dos quais concentrados na Área Metropolitana de Lisboa. A primeira coisa que precisei entender é porque havia carros claros e carros pretos na praça. A explicação simples me foi dada por um taxista: os de cor creme são mais antigos e sobreviveram após a modificação para a nova cor oficial, preto e verde. O motivo da mudança: somente a Mercedes fabricava carros creme, enquanto todas as outras montadoras ofereciam carros pretos. Resumindo, os carros claros irão desaparecer em breve, porque já estão meio caindo aos pedaços.

Isto posto, vamos ao comportamento dos motoristas: 95% são bem-educados, mas sempre rabugentos. A conversa começa com uma reclamação sobre algo, como a turista com fones de ouvido que atravessa a rua sem olhar. Parece uma reclamação válida, mas em Lisboa quando há uma faixa (a famosa "passadeira") basta colocar o pé ali que os carros são obrigados a parar. E eles param sempre, mesmo para brasileiros, como eu, que ficam hesitantes e põem e tiram o pé da faixa. Essa atitude, me avisou outro motorista, é a pior possível: "Ora, se vai, vai logo!". Voltando à reclamação, a turista com fone não precisava prestar atenção. Essa é preocupação dos motoristas. Não retruquei e só escutei.

Em outra feita, em uma fila de táxi em um shopping, o primeiro da fila perguntou aonde eu ia, deu uma desculpa esfarrapada quando respondi que era Arroios e mandou que eu pegasse o carro que estava atrás. Assim o fiz, para desespero do taxista que me levou para casa. "São uns marginais, não podem fazer isso, só porque a senhora queria ir para perto e ..." — indignado repetiu este quase mantra por cerca de 15 minutos. Compartilhei da sua indignação, mas não via a hora da lenga-lenga terminar. Quase fiquei com saudade do tal rosário rezado por todo o trajeto no Rio.

As considerações políticas são também uma constante, em especial desairosas sobre os governos português e brasileiro; outra que se repetiu bastante, a birra contra os tuk tuks, "que são muito mais caros do que os táxis, mas os turistas insistem em pegá-los. Um absurdo." Os tuk tuks são também motivo de indignação em jornais, como *O Público*:

> *Num corrupio que só cessa ao entardecer, dezenas de tuk tuks, de cores e dimensões variadas, percorrem por estes dias*

> *o percurso que une a Baixa Pombalina à Sé de Lisboa, de onde partem depois em direcção às Portas do Sol. Pelo caminho, semeiam ruído e, sempre que há uma subida mais desafiante pela frente, um cheiro a queimado que hão de espalhar depois pelas ruas de Alfama e do Castelo.*

Minha amiga BR, segunda companheira de jornada, adora um tuk tuk e se esmera em observações durante as corridas. Em um desses passeios-trajeto conheceu um motorista que contou ser jornalista e amante do Brasil. Sua tese de mestrado foi sobre Clarice Lispector, imagine isso, que chique. Ganha, porém, bem mais como motorista de tuk tuk do que como jornalista. Isso não a deixou alegre, saber que a nossa profissão está tão desvalorizada no mundo não é uma das melhores notícias. Te cuida BR, não conte para os taxistas da próxima vez em que estiver em Portugal a sua afeição pelos tuk tuk. Vai ser motivo para horas de reclamações.

Alguns motoristas após resmungar fazem algumas perguntas; outros mantêm-se em silêncio; e ainda outros desandam a contar piadas. Um deles, começou com alguns chistes ingênuos, que me fizeram dar um sorriso amarelo. Com o passar do tempo, tornaram-se cada vez mais picantes, que não me fizeram enrubescer, mas me entediaram o suficiente para eu parar de rir e fazer um "hum, hum" para mudar o rumo da prosa antes que ficasse pior.

Além da rabugice, como em qualquer cidade do mundo algumas vezes você leva uma volta do motorista, no sentido figurado e literal. Como a cidade é plena de ladeiras e existem mil e um caminhos para se chegar a algum lugar, eles não só escolhem o mais distante, como dão voltas e voltas, às vezes tão descabidas que você constata que está passando pelo mesmo lugar de antes. Não posso dizer que aconteceu muitas vezes em 100 dias, especialmente porque ao dizer "bom-dia" o taxista já sabia que não era de Lisboa. Mas aconteceu.

O que se repetiu com uma frequência absurda foi uma estranha mania de nunca acertar o lado da rua. Quando o carro era chamado por aplicativos, invariavelmente ele parava do lado oposto onde me encontrava. Com frequência, também, os taxistas querem deixar o passageiro do outro lado da rua do seu destino e são capazes até de mostrar onde está a faixa de pedestre. Um mais atrevido deixou minha amiga embaixo de uma ladeira, "basta subir". Não me perguntem o porquê de eles agirem assim. Tive um certo medinho de perguntar. Vai ver é tradição lisboeta. Ou pura rabugice.

Tudo bem estranho.

Um dia, resolvi perguntar a uma motorista, que pouco falava, se ela começava a trabalhar cedo. Ela respondeu que sim. Disse que minha amiga BR precisaria sair muito cedo para o aeroporto e se ela poderia deixar um cartão com a gente. "Não há como se comunicar comigo". E nada mais foi dito. Enfim, ela não estava nem um pouco interessada no assunto de levar alguém a algum lugar.

Em outro dia estava na Sé e queria ir à Alfama. Ainda pouco familiarizada com a cidade, perguntei a um taxista que estava parado se ele poderia me levar. "Minha senhora, é muuuuito perto, basta a senhora pegar aquela rua e, ó pá, estará na Alfama."

E lá fui eu, em dia de inverno, mesmo assim quente, a pé, satisfeita com a honestidade e meio fula com a preguiça — minha e dele, é claro!

E assim acabou o meu estudo, e estou ainda trabalhando nas conclusões.

Queridos museus

HÁ quem pense que quem viaja para a Europa só tem dois interesses: museus e igrejas. Já ouvi isso de um adorador dos Estados Unidos, que tentou me convencer que o lugar mais chique do mundo era um shopping de Miami. Enquanto ele falava eu pensava em Portofino e suas maravilhosas *villas*; no Museu do Louvre e sua grandiosidade; nas praias da Grécia; na Sagrada Família, em Barcelona.

Enumerei mentalmente umas 200 coisas mais elegantes que havia visto pela vida e nenhuma delas era um shopping.

Minha lista aumentou bastante depois dos 100 dias em Lisboa. E caso ele esteja lendo este livro, o que não acredito, vou falar um pouco sobre... museus. Jamais consegui convencê-lo de que sou uma museóloga de carteirinha, ao contrário da minha filha que fez mestrado exatamente nesta área e, de certa forma, me incentivou mais ainda a conhecer essas instituições artísticas ou de divulgação científica.

Há cerca de 60 museus somente na cidade de Lisboa, alguns tradicionais como o de Arte Antiga; os modernos, como as duas sedes do Museu de Arte, Arquitetura e Tecnologia, o MAAT; e os curiosos, como o Museu do Fado, Museu da Farmácia e Museu da Marioneta.

Não fui a todos, mas alguns me cativaram, nem sempre para bem, mas não me arrependo em momento algum de tê-los conhecido. Um país que preserva a sua cultura, como Portugal, merece ser louvado em tempos tão obscuros em que obras primas são destruídas por extremistas, acervos queimados pela incúria e políticas que promovem o emburrecimento. Seus museus precisam ser visitados para que esta preservação e valorização jamais sejam abandonadas.

Nos 100 dias, estive em alguns. Cada um conta uma história e escolhe um jeito especial de narrativa. O **MAAT** é voltado para a arte contemporânea, exposições que misturam os elementos que estão no nome do museu. Não gostei especialmente do que vi na primeira visita. Instalações, salas vazias apenas com vozes repetindo frases desconexas, uma miscelânea do que se chama hoje arte contemporânea, que por vezes nada entendo. Sou daquelas que confunde instalação com performance. "Mas não é para entender" — me dizem alguns. "Se a sala está vazia é para ocupá-la" — me explicou uma amiga, tentando me fazer embarcar na "viagem". Como sou daquelas que chora toda vez que vê o *Davi* de Michelangelo, certamente minha "viagem" é outra. Com um certo sarcasmo pensei em emitir a opinião de um velho conhecido, pintor famoso, que não declinarei nem mesmo as iniciais, porque será reconhecido: "Um dia ainda vamos rir de tudo isso". Ele, porém, tem autoridade para dizer isso, eu nenhuma. Reconheço, porém, algo espantoso: meu neto, com apenas três anos, embarcou com tudo na "viagem" contemporânea, "vem ver uma sala engraçada, vovó". Era a tal escura, que ele fez questão de ocupar mesmo, sentou-se no chão, deitou-se, cantou e se tornou a atração. Minha amiga BR tinha razão. E este pode ser um trunfo do MAAT, com certeza: criar sempre jovens admiradores, deixando os velhos como eu somente a resmungar, como manda a tradição portuguesa.

Franceses bufam. Portugueses resmungam.

E se mais não fosse, ir ao MAAT faz com que o caminho seja um delicioso passeio pela beira do Tejo, e a chegada deslumbre pela beleza arquitetônica do projeto da arquiteta Amanda Lavete. Depois de ver o museu, nada melhor do que subir em seu terraço e admirar o panorama.

O **Museu Nacional dos Coches** é curioso. Em sua mais recente sede, um prédio moderno e amplo, projetado pelo arquiteto brasileiro Paulo Mendes da Rocha, é possível ver como as carruagens foram símbolo de poder, riqueza e ostentação dos nobres. Não mudou muito, não é mesmo? Há quem reclame que a nova sede atrapalha a visão do Tejo, o que é verdade, mas há quem prefira circular pelas salas grandiosas e ver o Tejo logo adiante.

A coleção do mecenas Calouste Gulbenkian é esplêndida e merece ser conhecida, além dos jardins encantadores da **Fundação Gulbenkian**. A **Casa Fernando Pessoa** é uma pequena joia no Campo de Ourique. No **Museu do Chiado** me encantei com a exposição de um fotógrafo amador, Carlos Relva, que revelava a Lisboa do século XIX. As ruínas do **Convento do Carmo**, de 1389, a mais importante igreja gótica de Lisboa, são um espetáculo emocionante. Destruída no terremoto de 1755, houve a tentativa de reconstrução por quase 100 anos, mas por fim restaram as naves e o transepto sem cobertura. Com o céu azul de Lisboa no alto é de arrepiar. O **Museu Arqueológico** no local, de 1864, reúne peças de palácios e da própria igreja do Carmo.

Há muito o que ver no **Museu Nacional de Arte Antiga**. No site está lá a explicação: "Criado em 1884, habitando, há quase 130 anos, o Palácio Alvor e cumprindo mais de um século da atual designação, o MNAA-Museu Nacional de Arte Antiga alberga a mais relevante coleção pública portuguesa, entre pintura, escultura, ourivesaria e artes decorativas, europeias, de África e do Oriente. Composto por mais de 40 000 itens, o acervo do MNAA compreende o maior número de obras classificadas pelo Estado como 'tesouros nacionais'. Engloba também, nos diversos domínios, obras de referência do património artístico mundial." Vale a pena ir lá só para ver *As tentações de Santo Antão*, de Bosch ou o *São Jerônimo* de Albrecht Durer. Além de tudo há um dos jardins mais lindos de Lisboa exatamente no Museu. Pela sua localização no alto da Rua das Janelas Verdes, a vista é deslumbrante.

Dizem que Madonna, que mora desde 2017 ali perto no Palácio Ramalhete, um edifício histórico de 1.500 metros quadrados, é frequentadora assídua do MNAA, assim como das casas de fado — não vi, não fotografei, só ouvi falar.

Quando alguém conta que vai viajar para Lisboa, há sempre o comentário: "não deixe de ir ao **Museu dos Azulejos**". Para nós, brasileiros, que só pensamos em azulejo quando vamos reformar o banheiro ou a cozinha e a grande dúvida é se será branco ou colorido, a indicação pode parecer estranha. A azulejaria, porém, é parte fundamental na cultura portuguesa. "O nome vem do árabe e ganhou tradição em terras portuguesas. O azulejo tem 500 anos de produção nacional e é caso único como elemento decorativo e arquitetônico", nos explica o *site* da RTP. Os azulejos estão presentes nas igrejas, em fachadas, nas porcelanas e é realmente uma arte que merece destaque em um museu. Vá sem medo e com olhos bem abertos para as maravilhas. O Museu dos Azulejos é de uma delicadeza que emociona.

O **Museu do Aljube** também mexe com as emoções. Passei lá por acaso e fui atraída pela proposta: um museu na antiga cadeia política, por onde passaram todos que se insurgiram ao regime ditatorial de Salazar. Resistência e Liberdade é o lema que acompanha o nome do Museu. Para que nada seja esquecido e repetido.

> *Dedicado à história e à memória do combate à ditadura e ao reconhecimento da resistência em prol da liberdade e da*

> *democracia. É um sítio musealizado e um museu histórico que pretende preencher uma lacuna no tecido museológico português, projetando a valorização da memória de luta contra a ditadura na construção de uma cidadania esclarecida e responsável e assumindo a luta contra o silenciamento desculpabilizante, e muitas vezes cúmplice, do regime ditatorial que dirigiu o país entre 1926 e 1974.*

Frases escritas pelas paredes fazem pensar e, por vezes, chorar:

"Não hei de morrer sem saber qual a cor da liberdade", de Jorge de Sena, poeta que não foi preso, porque optou pelo exílio no Brasil; "Mesmo na noite mais triste, em termos de servidão, há sempre alguém que resiste, há sempre alguém que diz não", de Manuel Alegre, escritor e político, preso em 1963, em Angola.

Presente!

O **Centro Cultural de Belém** é uma das grandes atrações de Lisboa. O *Visit Lisboa* assim o descreve

> *O CCB é um dos maiores ícones de Lisboa moderna. Projetado por Manuel Salgado e Vittorio Gregotti, foi colocado num espaço monumentalmente privilegiado. A sua arquitetura moderna contrasta de forma suave com alguns dos grandes ícones da Lisboa antiga. Se atravessar dos Jerónimos para o CCB, atravessa séculos de história em poucos passos.*

E tem razão: o prédio é lindo e oferece programação extensa de música, ópera, teatro, dança, cinema e debates. Além disso tudo, o CCB ainda abriga o **Museu Coleção Berardo**, com ícones da arte moderna e contemporânea. A exposição permanente abrange obras de 1900 a 1960, ilustrando os principais movimentos artísticos dessas décadas.

Um conselho: não se deslumbre com o móbile de Alexander Calder e siga imediatamente em frente, pois vai fazer o caminho inverso, de 1960 a 1900, o que muda a progressão cronológica e o entendimento, especialmente porque sempre estará no final da sala a explicação sobre o que há nela, o que, convenhamos, é muito estranho. Confesso que critiquei a curadoria por causa disso, até minha amiga BR me fazer entender que estávamos no caminho inverso.

Ou seja, entrou no andar da Coleção Berardo vire à direita imediatamente para não ser enfeitiçado pela obra de Calder.

Se você sonha com um "combo" vá à Praça das Amoreiras. Além de desfrutar de um jardim fantástico colado a um aqueduto, ainda poderá visitar dois museus lindos: o **Museu da Água** e o **Museu Arpad Szenes—Vieira da Silva**. Existem vários pontos do Museu da Água, mas o Reservatório da Mãe D'água das Amoreiras é especial. Projetado em 1748, foi construído para receber e distribuir as águas transportadas pelo Aqueduto das Águas Livres, hoje é

Monumento Nacional e proporciona aos visitantes uma viagem no tempo. Na mesma praça, o Museu Arpad Szenes—Vieira da Silva preserva a obra do casal de artistas plásticos: a brasileira Maria Helena Vieira da Silva e o búlgaro Arpad Szernes. O casal teve estreita ligação com o Brasil e morou no Rio de Janeiro por alguns anos, refugiados do salazarismo. Em seu casarão em Santa Tereza moraram diversos outros pintores e intelectuais, também fugidos de guerras e de regimes totalitários.

Embora não tenha no nome a palavra museu, embora o seja, quem vai à Lisboa e não visita o **Mosteiro dos Jerónimos**? Vai ver meu quase amigo foi lá e nem sabia disso, que estaria em tão chique museu. Segundo o International Council of Museums de Portugal, "o museu é uma instituição permanente sem fins lucrativos, ao serviço da sociedade e do seu desenvolvimento, aberta ao público, que adquire, conserva, investiga, comunica e expõe o património material e imaterial da humanidade e do seu meio envolvente com fins de educação, estudo e deleite". Ou seja, o Mosteiro dos Jerónimos, que tem um serviço educativo, oficinas pedagógicas e centro de documentação aberto ao público é um dos mais belos museus de Lisboa.

Já vi dezenas de claustros Europa afora, e o do Jerónimos é o mais deslumbrante. O imenso refeitório nos dá dimensão da quantidade de religiosos que ali pousaram. Os 12 confessionários mostram o quão humildes e tementes a Deus todos os que ali se dispunham a contar as suas mazelas em posição tão difícil e subserviente, de joelhos e bem abaixados para alcançar a gradezinha que permitiria que sua voz fosse ouvida. E, finalmente, a igreja, a mais linda de Lisboa, com certeza (em segundo lugar, para mim, a Sé).

Um dos meus prazeres depois de uma visita que me encanta é pesquisar sobre o assunto. Quando fui ao Mosteiro saí de lá interessada em saber que ordem seria essa, dedicada a São Jerónimo.

Descobri que surgiram na Itália e eram considerados laboriosos e contemplativos, e que pouco saíam da clausura. Deve ser pelo seu recato que o Rei D. Manoel I, que estava no trono quando o Brasil foi descoberto, os escolheu para ocupar o monumental mosteiro construído onde ficava uma ermida dos poderosos e militarizados cavaleiros da Ordem de Cristo, sucessores dos Templários. Os Jerónimos tinham por obrigação rezar pela família real e desde cedo o mosteiro tornou-se um monumento para glorificar o monarca e o país, ganhando suntuosas (e nada monásticas) instalações e convertendo-se em Panteão Nacional. Lá encontram-se as sepulturas de Fernando Pessoa, Luís de Camões (supostamente) e até a de D. Sebastião I, o desejado, embora, como se saiba, ele tenha desaparecido nas areias do Marrocos.

Isso tudo é história registrada nos livros. Sabemos, porém, que todo país tem sua História e muitas histórias. Por exemplo, reza a lenda que os doces "conventuais", como o pastel de nata, eram feitos com as gemas que sobravam depois que as claras eram usadas para calafetar as velas. Ora, se o Jerónimos era um convento, bem diante do cais de onde saíam as caravelas e do lado de onde hoje está a padaria com os famosos pastéis de Belém, não custa nada imaginar que os tais doces eram feitos e servidos naquele imenso refeitório, uma das atrações do Mosteiro.

Pelo menos me pus a imaginar a cena nos mínimos detalhes e pude até sentir o cheiro dos doces maravilhosos portugueses.

100 dias em Lisboa também é cultura. E "chiqueza". E gulodice.

PS. *Talvez quando você estiver lendo este livro, Madonna nem esteja mais por lá, porque em entrevista ao* New York Times *em junho de 2019, afirmou que Lisboa é "muito fechada, muito medieval e é um lugar onde o tempo parou." Discordo, Madonna. Discordo muito.*

PPS. *Nesse livro optei por só falar do que vi, visitei, senti. Por isso não incluí nesse capítulo museus famosos como o Palácio da Ajuda ou a Fundação Oriente — aliás, visitá--los é uma ótima desculpa para voltar logo à cidade.*

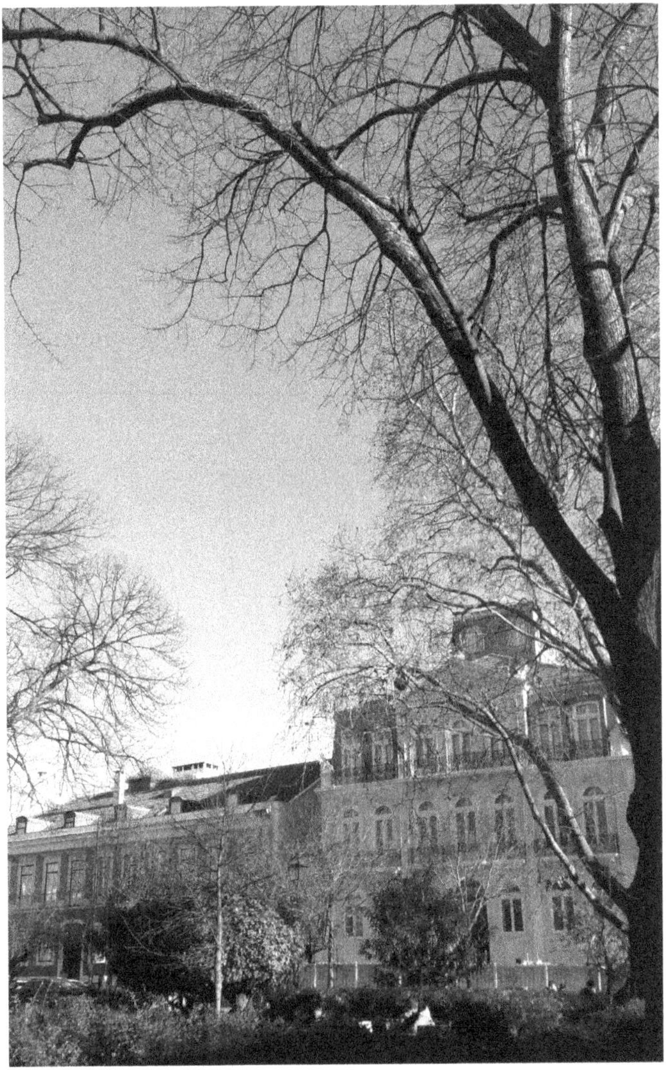

O pobre,
o rico e o
classe média

QUANDO eu era criança não havia Internet, mala de rodinha, celular e tênis de corrida. Os jovens estão pensando: "como assim?". Pois é, era assim. A gente arrastava as malas e muitas vezes jogava-as escada abaixo por não conseguir carregá-las. Tênis havia dois: Conga e Bamba. Para avisar à mãe que iria se atrasar, havia somente orelhão, e quando a ficha inserida no aparelho caía, a ligação funcionava. "Caiu a ficha?" — agora você entendeu a expressão. O rádio era o maior meio de informação, e, além das notícias, havia os humorísticos que todos acompanhavam religiosamente. Alguns deles migraram para a televisão e por muitos anos fizeram rir pessoas da minha geração. Criado por Max Nunes, havia um que gostava em especial: o quadro "Primo Pobre, Primo Rico" com dois atores maravilhosos, Paulo Gracindo e Brandão Filho. Os contrastes entre as vidas dos dois fazia o humor, que hoje seria banido por ser politicamente incorreto. O rico insistia que a vida do pobre era ótima e que o invejava, para desgosto do pobre que saía da casa do rico mais pobre ainda.

Sou o Primo Classe Média, que tem certeza, porém, de que é pobre quando entra em um avião hoje em dia e se vê espremido como uma sardinha em lata. Já embarquei em um voo da Aeroflot, em 1989, de Moscou para Kiev, em que havia até mosca no avião. Juro! De vez em quando até dou uma de rica. Fui rica em sensações, quando tive o privilégio de percorrer o interior do Brasil a bordo de um teco-teco, sobrevoando o Rio Tocantins, que resultou no meu primeiro livro, *Nas asas do Correio Aéreo*. Fingi ser rica de verdade, quando voei do Recife a Fernando de Noronha em um jato particular, para ódio de todos que aguardavam na fila para embarque no avião de carreira. Por quê? Porque passamos à frente, não por descortesia, mas porque o microfone do aeroporto ecoou: "passageiros do jato particular favor se dirigirem à aeronave...". E, finalmente, já fui podre de rica quando viajei para os Estados Unidos de jato grandão particular, quando estava fazendo a biografia de um empresário e as entrevistas precisavam ser feitas quando sobrava um tempinho em sua turbulenta agenda. Naquela semana ele só tinha esse tempo, a bordo do seu avião.

Ou seja, para viajar topo tudo, ser princesa ou ralé. Suporto estoicamente as fileiras apertadas da classe econômica, a comida sem graça, o pão frio e a turbulência com um sorriso nos lábios. E rio mais ainda quando a atendente oferece champanhe no jato particular. Não bebo, porque sou abstêmia, mas acho bom saber que posso.

E por que me lembrei de tudo isso? E o que isso tem a ver com Lisboa? Porque me senti como todos os primos passeando pela cidade. Fui classe média nos bairros onde morei, Penha de França e Arroios e fui a prima pobre passeando pelo Príncipe Real, o bairro mais *trendy* da cidade. Por lá circulam pessoas lindas e elegantes, todos primos ricos. Uma amiga costuma dizer que gente bonita não anda na rua, mas devo informá-la que isso não é verdade no Príncipe Real. É zona de classe alta conhecida pelas suas mansões do séc. XIX, bares em voga e lojas elegantes, cujo preço médio das peças é 400 euros.

Quanta gente bonita, bem vestida e elegante!

Andar no Príncipe Real é um prazer e um desgosto. Assim como a vida luxuosa do Primo Rico, o Príncipe Real faz com que você perceba as suas limitações financeiras, especialmente para quem ganha em real. Olhar, porém, é de graça. Vale a pena passear pelo bairro, que além de tudo tem uma praça linda, o Jardim do Príncipe Real, com um cedro centenário, que não desfolha no inverno, deixando ainda mais charmosa a região. Se o Primo Rico algum dia estiver no Príncipe Real vai fazer uma festa, pois vai poder tomar champanhe na hora do almoço em uma das mesinhas da fila de espera dos badalados restaurantes. Eu, como Primo Pobre, adorei caminhar pelas ruas, descer a ladeira passando pelo Bairro Alto até chegar ao Chiado, um passeio que recomendo garantindo que "é ótimo". E por preços bem módicos, todos podem ir ao Museu Nacional de História Natural e Ciência e o Jardim Botânico, ambos no bairro, que são programas imperdíveis tanto para o Primo Rico e o Primo Pobre.

Sem mais brincadeiras, porque você já entendeu o espírito da coisa, escolher a cada dia um bairro para conhecer é uma forma deliciosa de penetrar na cidade. Os 506.892 habitantes de Lisboa (na Grande Lisboa, que engloba 18 municípios, são mais de 2 milhões) se dividem entre os 100 km^2 da cidade. Só a título de comparação, a cidade do Rio de Janeiro tem 1.300 km^2; São Paulo, 1.500 km^2 e Aracaju, 180 km^2.

Ou seja, Lisboa é uma cidade pequena, o que permite longos percursos a pé para desvendar a cidade.

Há em Lisboa, depois de uma reforma em 2012, 24 freguesias (bairros), para efeitos administrativos em cinco zonas de gestão (subprefeituras). Mas se você pesquisar, vai se enrolar com certeza, já que os nomes das freguesias não são exatamente como os bairros são conhecidos. Nem tente. Tenho uma sugestão: por toda a cidade você encontra disponível gratuitamente um guia chamado *Lisboa, See, Shop, Enjoy*. É um bom roteiro para quem chega e, além disso, através das informações de onde comer, onde comprar já é possível saber quais são os bairros preferidos do Primo Rico — olha eu de novo, juro que será a última referência. Para cada um que resenha, o guia dá uma pequena definição, que pode ser muito boa para quem se aventura pela cidade.

As observações entre parênteses são desta escriba:

Liberdade   Compras de luxo na mais bela e nobre avenida de Lisboa. (Lugar perfeito para quem adora grifes e tem dinheiro no bolso).

Baixa   Da arquitetura pombalina às lojas centenárias em vias de extinção. (Ali se compra jeans na Gap ou ameixas d'Elvas em confeitarias *art-déco*).

Chiado   Onde os clássicos de Lisboa convivem com as últimas novidades de moda e restauração. (Se jogar pó de fazer brasileiro gritar, vai ser uma zoeira insana).

Príncipe Real   O cedro mais bonito do mundo e, em sua volta, as lojas e os restaurantes mais *cool* de Lisboa (Prepare o bolso!)

Cais do Sodré e **Santos**   A luz vermelha virou rosa no bairro mais animado da noite lisboeta. (Ver o pôr do sol na Ribeira das Naus é bom demais).

Alfama e **Castelo**   O berço de Lisboa, do Fado e dos Santos Populares. (Comer bem, rezar na Igreja de Santo Antônio e amar os fados, receita deliciosa).

Martim Moniz, Intendente e **Mouraria**   Viagem pelos sabores, sons e culturas do mundo. (Uma miscelânea de culturas bem interessante).

Estrela e **Campo de Ourique**   O melhor bairro de Lisboa é uma aldeia, onde apetece mesmo viver.(Almoçar no Mercado do Campo de Ourique e fazer a digestão no Jardim da Estrela, prazer absoluto).

Bairro Alto   O bairro mais camaleônico da cidade, com comércio tradicional, lojas alternativas e estúdios de tatuagem. (Bom mesmo é à noite, com diversos bares animados).

Belém, Ajuda e **Alcântara**   A Ponte 25 de abril marca a paisagem de Alcântara, velho bairro industrial, onde armazéns dão lugar a restaurantes, bares e discotecas. Ajuda é célebre pelo grandioso Palácio Nacional. Belém é um jardim à beira mar, o bairro que celebra os Descobrimentos. (Visitar o Centro Cultural Belém e ir ao LX Factory, o que fiz muitas vezes. Quanto à fila do pastel de Belém e as discotecas, passo).

Alvalade Antigamente ocupado por quintas, é hoje o bairro mais moderno de Lisboa, pelos grandes projetos de arquitetura. (Uma mistura de modernismo anos 1950, com toques de Brasília e largas avenidas, com sobrados antigos).

Parque das Nações À beira do Rio Tejo nasceu uma Lisboa contemporânea. (Um bairro "novo", construído há 20 anos quando Portugal quis mostrar uma cara "moderna" para o mundo, na Expo '98, e que ficou, portanto, com cara de planejado "demais" — shoppings, salas de música, atrações e torres residenciais. Oceanário e Pavilhão do Conhecimento já valem a ida. Como bônus, andar de teleférico pela região, que nem parece Lisboa... infelizmente).

Sete Rios e **Benfica** O Jardim Zoológico é o verdadeiro símbolo de Sete Rios. Benfica era uma área ocupada por quintas, hoje para os mais consumistas há o Shopping Colombo, embora o principal "templo" do bairro seja o estádio-sede do Benfica, o clube mais popular do país. (Adorei ambos, o Zoológico e o Colombo. Cada um com seu cada qual).

Completo a lista sugerindo uma ida à **Graça** para tomar um café no Miradouro, o mais baixo, ao pé da Igreja da Graça; um almoço alentado no restaurante Pitéu bem no Largo da Graça e uma volta no elétrico 28, o meio de transporte mais procurado pelos turistas e pelos batedores de carteiras. É só tomar cuidado, afinal somos brasileiros e este tipo de crime, que preocupa sobremaneira as autoridades portuguesas, caíram em desuso no nosso país há muito tempo.

Insisto: não deixe mesmo de desfrutar os mais tradicionais bairros. Já falei sobre a poesia em **Alfama** e Mouraria, e reafirmo que ir aos dois é fundamental. Se perca nas ruas da Alfama se busca o mais interessante da cidade. É uma viagem no tempo, um convite à imaginação, um passaporte para tempos imemoriais, quando os árabes por lá chegaram e deram ao lugar o nome "Al-hama", que significa "fonte de águas quentes, águas boas". Por ser a região que menos sofreu com o Terremoto de 1755, a Alfama conservou o lado mais medieval da cidade, com ruas estreitas e casas apinhadas. Vale a pena flanar pelas ruelas, onde carros não passam, subir e descer escadarias de pedras disformes e entrar e sair de pequenas lojas de produtos tradicionais portugueses.

Um passeio pelas vielas da **Mouraria** é mágico para quem, como eu, ama se perder para se achar. Foi nesta zona que os mouros foram viver depois da conquista de Lisboa, por D. Afonso Henriques, em 1147. Foram expulsos, porém, no século XV. De verdade, restam poucos vestígios deste passado. Hoje a Mouraria é o bairro mais multicultural da cidade. Estatísticas apontam que coabitam no bairro 56 nacionalidades, com destaque para Bangladesh, China, Índia, Paquistão e Moçambique. E isso pode ser conferido andando pelas ruas e cruzando com línguas, roupas e comércio diversificados. Na primeira vez que fui à Mouraria não passei de alguns metros acima da praça Martim Moniz, muito por preguiça e por não entender bem o mapa da região. Após as devidas pesquisas me aventurei pelas ruas labirínticas e me deleitei com o bairro, sua histórias e suas cores.

E por motivos mais do que afetivos, conheçam o "meu" bairro, **Arroios**, comprem queijos no Mercado e almocem no restaurante Mezze, de comida árabe, que tem um cardápio inusitado, mulheres de véu na cozinha e uma ligação com as organizações que auxiliam refugiados.

Nos tempos de hoje, boa comida e solidariedade formam o cardápio ideal.
Aproveite.
Bom passeio!

Para além de Lisboa

ESTANDO em Lisboa, é inevitável que surja a vontade de pegar a estrada e conhecer mais um pouco de Portugal. O país é pequeno, uns 92 mil km² (menor que o estado de Pernambuco) as estradas são muitas e excelentes, avisam todos os guias de viagem. E lá fui eu, com VS, minha companheira de tantas aventuras em mais uma, nem tão aventuresca assim, mas deliciosa.

Em primeiro lugar reconheço que, depois de dois meses em Lisboa, o ritual de preparar mala, pegar um carro alugado, perambular por outras cidades que precisam ser descobertas é maravilhoso, mas cansa. OK, você aí deve estar pensando que é o peso da idade. E é mesmo! Mas vale a pena.

VS bravamente cruzou os mais de 300 quilômetros dirigindo um Renault Captur. Eu não dirijo há anos e me sinto infinitamente feliz ao não o fazer. Joguei fora a minha carteira de motorista aos 50 anos, vendi o carro e nunca mais peguei em um volante. Na viagem, fui somente a copilota (eu odeio o acordo ortográfico!) inexperiente e atrapalhada, que mal sabe ler um mapa. Mas, ainda bem, existe o Google Maps, que com sua voz irritante nos guiou.

Nossa primeira parada foi em **Óbidos**, um lugar realmente mágico e que precisa ser conhecido. A cidade murada, o que sempre é um grande atrativo, nos encantou. Ficamos hospedadas em uma casa com 200 anos de idade e um mobiliário conservado desde então, tudo a ver com a cidade. Nossos companheiros de café da manhã eram chineses, uma enorme família que estava em Portugal comemorando o Ano Novo chinês, o Ano do Porco. Soubemos tudo isso pelo amável proprietário, um homem alto e de fala mansa, cujo nome desconhecemos. (Errata: ele se chama João, VS perguntou e eu não ouvi o seu sussurro). Educado, tímido, nos recebeu bem, e tornou-se invisível até o tal café da manhã em que convivemos com a família, guardadas as devidas diferenças de cultura, ou seja, nada falamos, só nos observamos.

Passear por Óbidos é viajar no tempo, andar pelas muralhas é para os fortes e nos faz sentir personagens de *Game of Thrones*; ver uma antiga igreja transformada em livraria e uma loja que vende orgânicos e livros nos faz acreditar que há solução para a ignorância que grassa atualmente; tomar uma ginginha, que é, além das muralhas, a coisa mais famosa de Óbidos, nos faz lembrar os xaropes que as mães nos enfiavam goela abaixo; ver os muros iluminados à noite nos faz crer que a beleza é algo que nos modifica. Em resumo: vá a Óbidos e nem precisa ficar muito, poucas horas são suficientes para apreciar tudo, praticamente duas ruas na parte murada, com quase 1.000 anos de história.

Eu prometo que vou voltar um dia, em especial na feira literária que acontece todo ano por lá, a FOLIO. Deve ser o máximo se embrenhar pela cidade repleta de eventos literários.

Nossa parada seguinte foi em **Nazaré**. Eu queria porque queria ver as ondas gigantes, que sempre me impressionam, quando vejo os vídeos de competição de surfe, o grande chamariz da cidade. Elas não estavam tão grandes, "nada de 20 metros", como nos informou o pessoal da oficina de turismo, e o caminho para chegar até as praias do Norte era tão íngreme que desistimos e somente avistamos a espuma que as ondas levantavam. E estranhamos muito uma estátua que encima o caminho na Praia do Norte: um surfista com chifres de veado, pensamos a princípio. Ou seria um Minotauro? Foi preciso conhecer uma lenda de Nazaré para que pudéssemos entender a simbologia:

No dia 14 de Setembro de 1182, D. Fuas Roupinho, alcaide--mór do Castelo de Porto de Mós, caçava com seus companheiros junto ao litoral perto das suas terras, quando avistou um veado que de imediato começou a perseguir. De súbito, surgiu um denso nevoeiro que se levantava do mar enquanto o veado fugia à sua frente no cimo de uma falésia. D. Fuas não se dava conta onde estava e por isso continuava galopando atrás do animal até que de repente reconhece o local e vê que já não consegue parar a tempo o seu cavalo, rogando apenas aos céus pela sua vida. Então diz-se que apareceu uma Imagem luminosa à sua frente que fez estancar a sua montada à beira do precipício, tendo-se livrado assim ambos, de forma milagrosa, de uma queda aparatosa de mais de 100 metros de altura sobre os rochedos no mar.

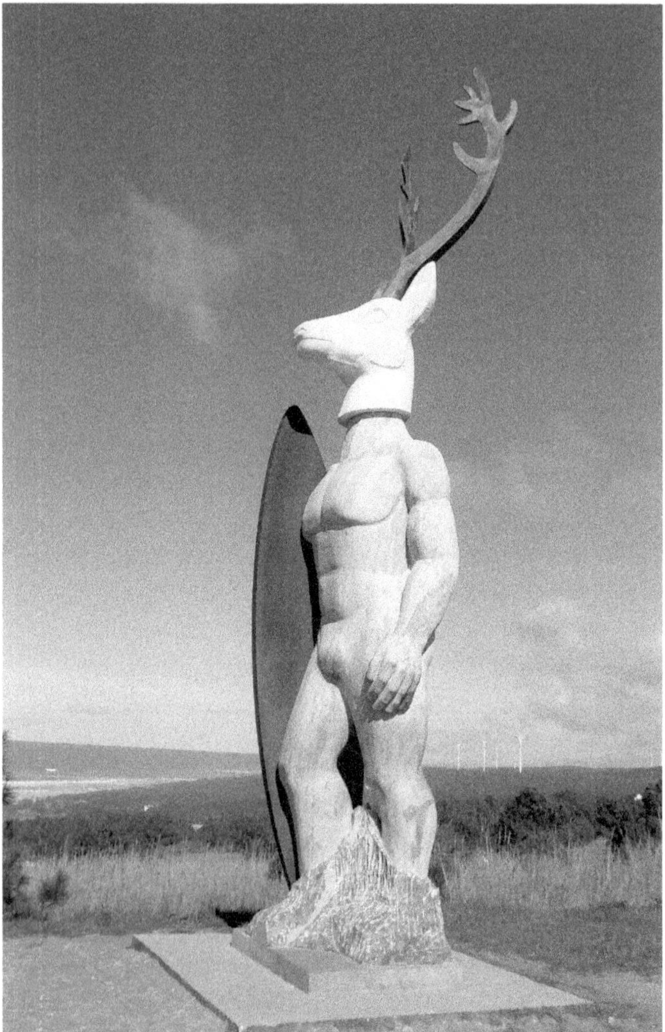

Era um veado surfista, mas histórico.

Sou suspeita para falar de Nazaré, porque lugares de praia me entusiasmam. É como diz a canção de Caetano (onipresente nas citações neste livro) com Gil: "Na terra em que o mar não bate, não bate o meu coração". VS também ama praias e mora em uma das mais maravilhosas do Rio de Janeiro, Búzios. Fizemos o que gostamos em Nazaré: sentamos à beira mar e ficamos apreciando o vaivém, mulheres com roupas típicas da região, uma superposição de saias, as famosas sete saias de Nazaré, meias e um lenço a proteger os cabelos da maresia; outras todas de negro, que nos faziam lembrar carpideiras ao sol; jovens desenvoltos a caminho do mar. Enfim, quase uma manhã de verão no calçadão do Leblon, no Rio de Janeiro, onde moro, mas com vários toques locais. Na parte alta, é imprescindível a visita ao Santuário de Nossa Senhora de Nazaré, mesmo para quem não tem religião — o que é o meu caso —, mas é um monumento em Portugal cheio de história e tradição. E, como nos alertou um taxista, Vasco da Gama esteve lá rezando antes de iniciar a sua viagem. "E Cabral também" — completou para nos impressionar, embora a placa no local só cite o navegador que encontrou o caminho das Índias.

E quem somos nós para não entrar, certo?

Próximo destino: **Coimbra**. Nossa chegada foi no final da tarde e demos uma voltinha pelo Centro Histórico, bem pertinho de onde estávamos. No dia seguinte, visitamos a Universidade de Coimbra, o que é um bom motivo para uma passada por lá. Chega a ser emocionante. Uma dica preciosa do *concierge*: vá de táxi para a Universidade e desça a pé, evitando assim a dificuldade da subida pela ladeira "quebra-costas", como é conhecida. Afinal, o ditado é verdadeiro: "descendo todo santo ajuda". O joelho range depois dos 40, mas o fôlego agradece.

Uma das coisas que mais me surpreendeu em Coimbra foi o contraste entre a parte mais antiga da cidade e os grafites nas paredes a caminho da Sé Velha. " Minha língua é a angústia"; "Paranoia é massagem" e tantos outros, garantindo que onde há jovens há protesto existencial ou político.

Depois de uma noite bem dormida em Coimbra, próximo destino: Porto. Era cedo, havíamos combinado de deixar o carro às 16 horas e decidimos dar um pulinho em **Aveiro**. A cidade é grande, o que não sabíamos. Colocamos o GPS para o Farol, ponto chave da orla e para lá fomos, surpresas com o tamanho do porto e da estrada que circunda a cidade. Não foi uma grande ideia ver o mar: fazia muito frio, não havia quase ninguém pelas ruas, parecia um lugar fantasma. Que estranho! — pensamos. Que estranho nada: por que alguém iria ver o mar com aquele tempo? Nós. Turista é assim mesmo, corre riscos inimagináveis e paga o preço por eles.

Vimos e decidimos dar mais uma chance para a cidade tão elogiada e conhecida como a Veneza portuguesa.

Cada país inventa a sua Veneza. No Brasil é Recife, que é linda, mas longe de ser a cidade dos canais italiana. Bom, vamos lá. E realmente o centro da cidade com canal e pontes é muito lindo e animado. Ok, mas também não é Veneza. É uma linda Aveiro. Ficamos pouco, a tempo de comprar flor de sal, um *must* da região, e comer um dos famosos ovos moles de Aveiro. A vendedora brasileira, para me convencer, disse que era igual ao nosso quindim. Sabia que não, mas insisti, e não gostei. Perdão, Aveiro!

Hora de ir para o nosso destino, pousar as malas por três dias e curtir o que a segunda maior cidade de Portugal pode oferecer em tão exíguo espaço de tempo. Chegamos com chuva, o que parece ser comum na cidade, mas logo o sol abriu. Que cidade linda é o **Porto**! Como Lisboa, mantém a mistura entre o novo e o tradicional, mas isso fica mais acirrado na cidade do Norte, por ser uma cidade onde estudantes do mundo inteiro vão buscar formação. VR, grande amigo, foi nosso cicerone no primeiro passeio, em que andamos uns 10 quilômetros (isso que dá sair com um profissional de educação física) e vimos o Porto em vários ângulos. Conhecedor dos macetes, caminhamos pelo alto, de lá seguimos para Gaia, do outro lado do rio pela ponte e após fotografar bem o Porto em seu esplendor descemos e passeamos pela Ribeira.

Lembre-se do conselho: comece do alto e vá sempre descendo. Foi perfeito.

No dia seguinte, o sol ainda brilhava e fomos a Fundação de Serralves para ver a exposição de um dos artistas que mais amo: Anish Kapoor. Quatro instalações no jardim da Fundação. Quatro? Vimos uma com facilidade seguindo a direção indicada pela minúscula placa. Para chegar na segunda, vagamos pelo jardim enorme por mais de meia hora até sermos socorridas por um guarda. A terceira? Bem, essa jamais foi vista nem por nós, nem por diversos interessados que cruzavam com a gente com o mesmo olhar de quem entrou no deserto e não sabe sair. Quando o cansaço nos derrubou decidimos deixar para lá a terceira e descobrimos que a quarta já havia sido desmontada.

Como nem tudo são agruras, as duas que vimos valeu a ida, mas alô alô povo da Serralves, na próxima vez um mapa que funciona e placas indicativas claras não fariam mal algum à mostra do grande artista. Dito isto, o jardim é lindo, a casa é esplendorosa e o museu inovador. Além de flanar pela cidade, entrar em igrejas e ir à Serralves, fomos também a um lugar muito especial: a Galeria da Biodiversidade — Ciência Viva, e sobre ela já falei exaustivamente em outro capítulo.

Hora de ir embora, de volta para casa.

Há muito ainda a ver em Portugal, e recebi boas e importantes sugestões, mas o país, embora se diga "pequenino", é imenso em atrações. São muitos Portugais e deixei diversos lugares para ver no futuro.

Até breve, Portugais!

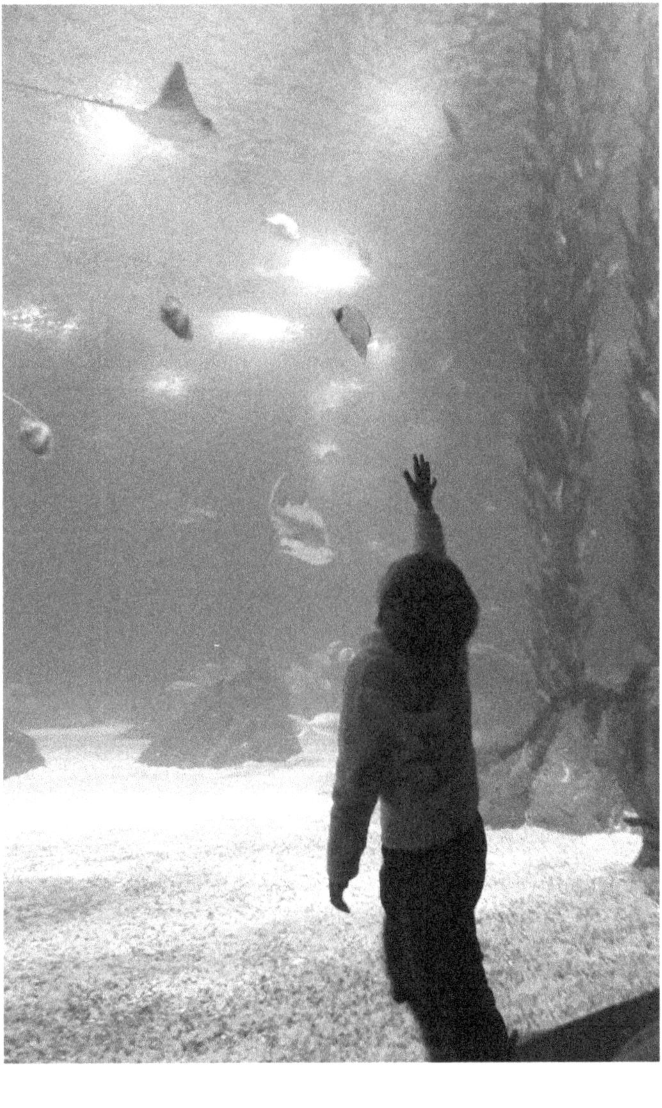

Lisboa para infantes

CERTO dia uma amiga, bem irritada, comentou depois de observar por horas duas avós conversando: "Nossa, como vocês são chatas!". Bem que ela tinha razão, porque uma contava uma gracinha e a outra emendava com uma foto no celular. E riam juntas na maior cumplicidade. Desculpe, quem não é avó tem de suportar as "malas" que se tornam aquelas que são. Eu, por exemplo, quando Felipe nasceu, tinha de me conter para não ficar mostrando fotos dele para estranhos na rua. Entabulei um diálogo sobre netos com um vizinho que mora ao meu lado há mais de 30 anos e que jamais tinha me dado um bom dia.

Reconheço que avó é uma "mala sem alça" — porém somos "malas" carinhosas, cheias de doçura e empatia, que somente queremos dividir com o mundo a redescoberta do amor em um tempo que ele estava praticamente esquecido dentro de nós. Quem ainda é jovem, saiba, um dia vai chegar lá e posso garantir que é muito melhor do que ter filho (perdão, filhinha!) pois é amor sem o compromisso de educar; é amor com brigadeiro; é amor com todo o tempo disponível; é amor infinito.

Para você que não pulou esse capítulo ou fechou o livro resmungando como a minha amiga, saiba que se quiser viajar para Lisboa com seus filhos ou netos, escolheu um lugar ideal. No inverno, especialmente, em que todos tiritam na Europa, Portugal permanece com um céu azul deslumbrante e uma temperatura entre 12° e 20°C. Nos meus 100 dias usei meia dúzia de vezes o guarda-chuva, o que permitiu vários passeios ao ar livre com Felipe. Foi ótimo constatar que criança é coisa séria em Portugal, em cada praça há uma série de brinquedos pensados para estimular o equilíbrio, a aptidão e desafiar o medo. Não faltam também os tradicionais balanço, escorrega e gangorra. Na grade que circunda a praça há uma placa indicando o hospital mais próximo e os telefones do socorro médico e dos bombeiros. Acidentes acontecem, mas pais e avós não precisam entrar em pânico.

Os jardins são arborizados (obviamente!), e cheio de canteiros floridos na primavera. Na Paiva Couceiro, a predileta do meu neto, pertinho de sua casa, as folhas caídas no inverno não tiraram a beleza das árvores. E assim que a primavera começou, os canteiros foram todos renovados. Nas praças há a convergência de idades: crianças brincam e jogam bola; velhos aposentados jogam cartas e discutem muito. E quiosques oferecem café, chocolate quente, bolos e sanduíches. De fome e de tédio ninguém morre enquanto os infantes se divertem. Em muitas praças, existe ainda um banheiro público, o que é perfeito.

No Mercado de Arroios, que minha filha e eu frequentávamos, há um espaço dedicado às crianças, com brinquedos, livros e jogos, que permite calma para as mães que vão fazer compras. Espaço gratuito, é claro, não como aqueles barulhentos de shoppings brasileiros que cobram a cada meia hora uma boa soma; e se a criança ficar duas horas, é melhor cortar algo da lista de compras do mês, a carne, por exemplo.

Aliás, acho que farei algo mais sensato para contar para mães, pais e avós como Lisboa é boa para crianças. Minha filha Isabel Gomes assume a partir de agora a função, já que ela foi a grande descobridora dos locais que fizeram a alegria do Felipe em seis meses.

Assim como as avós ficam com as crianças na hora da brincadeira e as devolvem às mães na hora do trabalho, passo a palavra a quem cuida do assunto. Fala, Bebel!

....

Os dias em Lisboa com meu filho de três anos, eu sem trabalhar e ele fora da escola, começavam quase sempre com a pergunta: "Mamãe, onde a gente vai hoje?". Haja criatividade, mas Lisboa ajuda muito! Se dependesse do Felipe a resposta seria quase sempre: "Vamos ao Pavilhão!". Eleito como seu lugar predileto na cidade, o nome completo é **Pavilhão do Conhecimento** — Centro Ciência Viva, um lugar em que há ciência acessível e lúdica para todos os gostos e idades, incluindo muitos experimentos interativos de Física, robôs de verdade e um espaço pensado especialmente para os menores. No Tcharam, onde o visual é multicolorido e a diversão é mesmo garantida, ele se sentia em casa, fingindo de construtor em uma casa em tamanho real, pilotando um carro com rodas quadradas ou se deitando na cama de pregos. É aquele tipo de programa imperdível em família, onde podemos brincar juntos e até aproveitar para descansar um pouco enquanto os miúdos descobrem sozinhos tantas novidades.

Muito pertinho do Pavilhão há o **Oceanário de Lisboa**, que dispensa maiores apresentações. Muito conhecido, está sempre cheio, todos os dias do ano (fecha às segundas). Nós mesmos fomos várias vezes lá, levando todos os amigos que nos visitaram. É um dos maiores aquários do mundo e é realmente deslumbrante, muito bem cuidado, com uma diversidade incrível de animais e com um tanque central enorme. Eu, bióloga marinha, não podia deixar de amar o Oceanário! Mas, preciso confessar, com criança pequena nem tudo é tão fácil quanto parece. Felipe é daqueles meninos ligados em 220 volts, então mal entrava em uma sala, já queria ir correndo para a outra, tal a ansiedade de ver tudo agora e de uma vez. Se encantou com o peixe-lua, os pinguins e os tubarões, apesar de a visita ser um pouco longa para ele. E eu, ficava com um olho nos peixes e outro nele, por que os ambientes são escuros, o que é ideal para criar a sensação de se estar no oceano, mas também para se perder uma criança (que medo!)

Para os dias ensolarados, o lugar preferido do meu filho em Lisboa era o Parque Recreativo do Alto da Serafina, dentro do **Parque Florestal de Monsanto** ou, para nós, o "parquinho do farol", um lugar encantado onde passávamos longas tardes e nunca era hora para ir embora. Além do "farol" em que o Felipe subia 200 vezes a cada visita, brincando de Patrulha Canina, há um barco, tendas de índios, escorregas, balanços e outros brinquedos, distribuídos em áreas adequadas por idade. Meu filho gostava especialmente da Escola de Trânsito, criada para os miúdos aprenderem desde cedo as regras e boas condutas ao volante, mas que, aos olhos dele, era apenas o lugar perfeito para andar de bicicleta ou patinete nas ruas de faz de conta, com sinais e placas de trânsito. O Parque funciona todos os dias da semana e a entrada é gratuita, exceto no HelloPark, onde se paga por hora, mas que também vale muito a pena! Foi para mim uma grata surpresa saber que há em Lisboa esta floresta urbana belíssima, muito bem preservada e não muito distante das áreas turísticas mais conhecidas.

O **Jardim da Estrela** era, sem dúvida, meu lugar preferido na cidade. Talvez por ter sido o primeiro jardim de Lisboa que conheci, talvez por ter sido onde descobri a beleza do outono, talvez por ter uma localização a meu ver ideal, que alimentava meus devaneios de um dia morar ali para sempre. Este lugar é puro afeto para nós. O Felipe gostava muito de brincar no parque infantil "de chão de pedrinhas", escalar as raízes das imensas árvores que há por lá, jogar futebol e brincar no bonde em miniatura que fica do lado de fora do Café — aliás, quem quiser passear no 28 sugiro pegar no Jardim, porque lá é possível conseguir um lugar sentado sem muito problema. Depois é uma confusão com os turistas disputando espaço com os moradores, e sempre ganhando. Perdi a conta de quantas vezes fomos no Jardim da Estrela e voltaria muitas outras.

O Jardim da **Fundação Calouste Gulbenkian** é um dos vários passeios imperdíveis de Lisboa, um lugar com jeito de casa de campo, bucólico, muito bonito, com riacho, lagos, árvores floridas, pontes de cimento ou pequenas trilhas que para o Felipe eram uma aventura à parte. O jeito dele pedir para ir à Fundação mostrava o que era mesmo o mais divertido: "Mamãe, vamos dar comida aos patos?". Sim, há muitos patos por lá de todas as cores possíveis e ai de mim se esquecesse de levar o "pãozinho para os patos", que eles comiam fazendo alvoroço. Se a gente não tomasse cuidado, roubavam da nossa mão, o que para uma criança de três anos era um susto considerável, mas nada muito traumático. Nos dias de sol e mais frios é um lugar muito gostoso para se aquecer com um chocolate quente e simplesmente estar ali. A visita à exposição permanente no interior do Museu para o Felipe teve a duração de mais ou menos três minutos, tempo em que ele passou quase correndo pelas salas. Sorte a minha ter nesse dia a assessoria da super vovó e poder apreciar com calma a riquíssima coleção do Gulbenkian.

Percebe-se em muitas situações em Lisboa o zelo com a infância e o caráter educativo das atividades extraclasse, culturais e de contato com a natureza, que é muito valorizado. Na maioria dos nossos programas durante a semana encontrávamos crianças de várias idades em passeios escolares. As Quintas (nós diríamos "sítios") Pedagógicas — há várias em Portugal — são locais onde se aprende o valor da vida no campo e da alimentação saudável, longe dos ultraprocessados. A mais acessível, apesar de não ser das maiores, para quem está de passagem por Lisboa é a **Quinta Pedagógica dos Olivais**. Bem próxima ao metrô e com entrada gratuita, esta "fazendinha" é verdadeiro amor. Os animais são muito bem cuidados e percebe-se que o ambiente e a rotina do lugar são pensados para o bem-estar deles e não para nosso entretenimento. O respeito aos animais é uma das lições bacanas da Quinta, que não deixa de ser também muito divertida. Uma das grandes atrações do lugar são as cabras, que vêm próximas à cerca comer as folhas que pegamos caídas do chão. Felipe poderia ficar por horas nesta atividade. Há por lá também, cavalos, coelhos, porcos, vacas, carneiros e ovelhas e até um cisne negro, além de um pomar didático. Passávamos a tarde inteira por lá, brincando de vida na roça, convivendo com os animais, subindo e descendo do trator (de verdade!) e da casinha da árvore. Eu só conseguia convencer o pequeno a ir embora quando fechava mesmo. Ver os cuidadores abrindo as cercas e todos os animais correndo em grupo para os recintos em que passam a noite era um espetáculo emocionante para nós.

Para quem gosta de **Zoológico**, o de Lisboa é um programão. Foi o primeiro passeio que fizemos na cidade e voltamos muitas vezes. Quase toda semana eu tinha que lidar com a difícil questão "Mamãe, podemos ir ao zoológico hoje?" Se eu pudesse, iria mesmo toda semana, mas a entrada é um pouco cara para os padrões locais. Vivendo em euro e ganhando em real, ficava mais complicado. Não dá para ir todo dia, mas de vez em quando vale o investimento. Além de ver de perto os animais — elefantes, girafas, leões, macacos, ursos, coalas e muitos outros aparentemente bem nutridos e bem tratados — há vários outros atrativos para crianças: passeio de trenzinho, teleférico, parque infantil e a minifazendinha. Nesta última, em alguns momentos, é até permitida a entrada para interagir, alimentar e fazer carinho nos animais e seus filhotes. O zoológico oferece também várias atividades educativas como alimentação dos pelicanos, show de aves e de golfinhos, todas conduzidas por animados e bem informados biólogos e afins.

Demoramos um bom tempo para começar a explorar os museus da cidade. Lisboa, para quem gosta de natureza, piqueniques e passeios ao ar livre é um prato cheio. Em matéria de incentivar desde cedo o gosto por museus o **Museu das Crianças** é campeão. Ele fica no mesmo terreno do Zoológico, mas com entrada à parte. É um museu que é realmente para criança, o que se percebe desde a entrada na exposição feita pela porta de um armário, um pouco como a Alice no país das maravilhas. Suas salas são repletas de possibilidades de brincadeira em cenários feitos que remetem ao passado, narrando parte da história de Portugal. Para o Felipe era um deleite brincar de fazer parte desta história e seus personagens: Reis, Cavaleiros, suas guerras e navegações. Tudo feito de forma quase artesanal o que ajuda a criar um clima infantil e aconchegante para o lugar.

De todos os museus que fomos em Lisboa esse é o que tem o maior valor afetivo para nossa família. Talvez seja difícil ter uma visão isenta sobre ele, entretanto também não estamos aqui buscando nenhum tipo de isenção. O **Museu Nacional de História Natural e da Ciência**, tem este nome pomposo, mas para nós era apenas o "museu do papai". Local de trabalho e motivo principal da nossa viagem à Portugal, era praticamente o nosso quintal em dias chuvosos. Felipe amava brincar na sala de experimentos de física ou com os jogos de matemática e passear pela exposição sobre grandes carnívoros. Não é tão grande como o de Londres ou tão famoso como o de Nova York, mas não deixa em nada a desejar em relação a eles. Fica em um prédio histórico belíssimo, suas exposições são muito bem feitas e pensadas. É um excelente programa em família que pode ainda continuar com uma visita ao **Jardim Botânico** que fica ao lado.

O **Museu das Comunicações** fica mais próximo do circuito turístico da cidade e dá para emendar um passeio pelo Cais do Sodré, seguido de um almoço no Mercado da Ribeira. Como todo museu com objetos tecnológicos, é bem atraente para crianças, que se divertem vendo as televisões antigas, descobrindo que os telefones precisavam de fio para funcionar, que não tinham tela, e mais ainda, que um dia nem existiam os telefones. Como todo nativo digital, Felipe adora os celulares, mesmo que a gente pouco os deixe acessíveis para ele, e teve bastante dificuldade em discar o número em um telefone sem botões ou teclas. O museu conta também um pouco a história dos Correios e os seus meios de transporte, primeiro o cavalo, o trem (desse tem até uma réplica, com trilhos e tudo, que podemos entrar e brincar de maquinista), depois os carros. Qual criança não adora?

"Lá tem muita coisa velha" foi o comentário do Felipe quando, de volta ao Brasil, perguntaram como era a terrinha. Meses deste circuito museus, monumentos e afins certamente motivaram essa sincera e acurada análise. Não visitamos muitos palácios em Lisboa, mas fomos ao **Palácio Nacional d'Ajuda**, que é singelo, mas que desperta bem a curiosidade das crianças (e por que não dos adultos?) sobre como era a vida da realeza, com a ambientação de quartos, salas de jantar, móveis e objetos antigos "de verdade". Coisa velha, mas adorável.

Ir a Belém é um deleite do início ao fim. Nem pense em deixar de ir por estar com crianças. Nossa ida a Belém sempre começava pela ida de bonde, — o tradicional ou um mais moderno e maior que também vai para lá — o que para os menores já é o passeio. Muitas vezes apenas ficávamos no Jardim de Belém, que é delicioso em dias de temperatura amena, para pegar sol no gramado, ótimo para jogar bola, correr e brincar no parquinho infantil. Ali pertinho, anexo ao Mosteiro dos Jerónimos, há o **Museu da Marinha**, com inúmeras réplicas perfeitas, para meus olhos leigos, de caravelas, naus, galeões, canhões. O **Planetário Calouste Gulbenkian**, que fica no mesmo complexo de edifícios, tem seções classificadas por idade que são muito boas e realmente adequadas. Quando fomos, meu espoleta de três anos ficou quietinho e quis até ficar para a outra seção. Mas nesta que era para os maiores, não aguentou nem cinco minutos. Ainda nos arredores dos Jerónimos é possível fazer um passeio de coche ou charrete, em bom português do Brasil. Uma das vantagens de se ter filho pequeno é poder fazer este tipo de passeio sem parecer ridículo. A moça que pilotava o coche era extremamente simpática, convidou o Felipe para passear ao lado dela, segurar as rédeas, tocar o sininho que funcionava como buzina e ao fim ainda deixou-o dar cenoura para o cavalo, que parecia bem cuidado e tranquilo. Uma festa.

Fomos embora de Lisboa em uma segunda-feira, Felipe estava ansiosíssimo para voltar ao Brasil. Não que ele não tenha gostado dos nossos seis meses em Portugal, mas a falta dos amigos, de todos os seus brinquedos e principalmente da avó, começou a pesar depois de um tempo. Ele se lamentava: "Mamãe, as férias estão demorando muito" e eu sentia totalmente o oposto. No nosso último domingo, tentando amenizar aquele clima de inquietação, resolvi ir ao **Kidzania**, o que havia adiado por esse tempo todo. Para mim parecia aquele tipo de programa que você respira fundo antes de encarar, dentro de um shopping center, ambiente fechado, domingo chuvoso. Mas lá fomos. E, realmente, estava cheio como esperado, aquela balbúrdia, como esperado, mas o lugar me surpreendeu positivamente. Para quem não conhece, é uma cidade das crianças, com posto de gasolina, avião, corpo de bombeiros e tudo mais, com um aspecto bem realista, onde as crianças vivenciam o dia-a-dia de um adulto e aprendem na prática sobre as diversas profissões. Tudo muito educativo, organizado. Com algumas filas, mas rápidas. Não sei se, com tantos atrativos em Lisboa, para quem está por pouco tempo vale a pena. Mas para nós foi muito bom. Meu pequeno andou no carro de Bombeiros, fez biscoitos em uma minifábrica, pilotou uma moto, se divertiu a tarde toda e saiu de lá querendo voltar.

Eu também, o que não fazem as mães pela alegria deles?

Esse período para mim foi um desafio e tanto, estar longe de casa, de todas as referências, com criança pequena não é das situações mais tranquilas. Mas temos que arregaçar as mangas e seguir. Ou, como me disse uma grande amiga, pôr a família no bolso e tocar em frente em qualquer lugar do mundo. E Lisboa certamente não é qualquer lugar do mundo. Meu filho, com muito carinho e tentando expressar a grande saudade que sentia da avó disse uma vez: "A vovó é tão macia". Pois, Lisboa é colo de avó, aquele que completa quando a gente falta, familiar, segura, acolhedora, macia.

....

Chorei. E choro todas as vezes quando leio palavras tão doces e sábias.

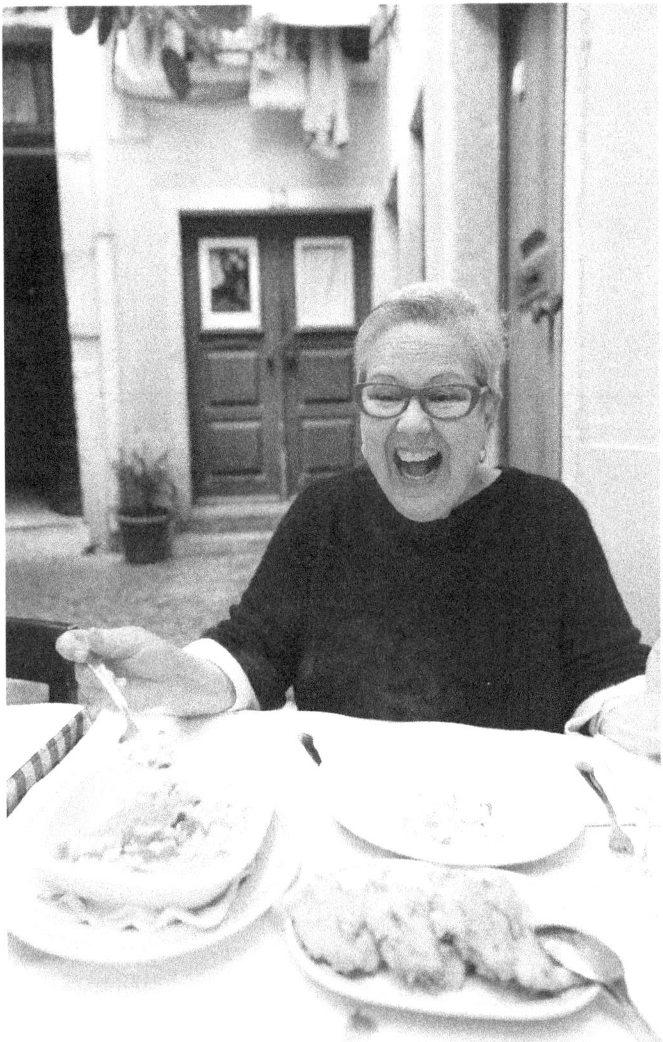

Comida e afeto

"COZINHAR é um modo de amar os outros" — escreveu o escritor moçambicano Mia Couto em *O fio das missangas*. Quem teve uma mãe que passava o dia na beira do fogão sabe isso muito bem. E as comidas permanecem na sua memória e a qualquer momento você pode sentir o aroma, o gosto e o prazer dos sabores do seu passado.

Com essas lembranças vêm também o penteado da mãe, o sorriso do irmão, a piada do pai, a gargalhada da irmã, a arrumação da casa, os quadros na parede, os lençóis passados com goma, enfim, a sua história.

Lisboa me permitiu essa volta ao passado com uma força descomunal. Arroz doce faz parte de todos os cardápios dos restaurantes lisboetas e minha mãe era uma mestra ao fazê-lo, cremoso, com canela, que sempre preferi comer quente, saído do fogo deixando para o resto da família o que ia para a geladeira. Já velha e eu adulta, minha mãe sempre me chamava para comer na casa dela avisando que teria arroz-doce. Mesmo nos tempos em que ela já não cozinhava mais cotidianamente, o arroz doce fazia com que ela retornasse ao fogão. E eu ao prazer.

E os rissoles? Estes ficaram realmente no passado, quando eu e meu irmão LC éramos ajudantes no preparo. Normalmente minha mãe escolhia um domingo. Começava a fazer a massa cedinho, depois preparava os recheios: carne moída para alguns; queijo picado em outros e camarão refogado para os restantes. Abria a massa com rolo, cortava-a com a borda de um copo: pequenos e perfeitamente redondos. Depois de recheados, eram empanados e fritos até ficarem deliciosamente crocantes.

Minha mãe fazia uma bacia de rissoles que eram consumidos em uma rapidez incompatível com a quantidade.

Saudades.

Imagina a minha felicidade ao encontrar em todas as biroscas que vendem comida em Lisboa os rissóis (assim são chamados) portugueses. São bem maiores do que os da minha mãe, normalmente de camarão ou de leitão. Comi dúzias ao longo de 100 dias. Sempre que a fome apertava ou a nostalgia me invadia não tinha nada como um bom rissol para mitigá-las. Ou rissóis, já que é difícil ler a palavra no singular nas pastelarias.

E quem quer comer só um?

De volta ao Brasil, virei de cabeça para baixo a minha casa até constatar que não guardei o livro de receitas da minha mãe, talvez porque não me dedicasse tanto à cozinha quando ela se foi e, entre seus pertences, o livro passou despercebido e doado a alguém, assim como o livro de costura. Hoje, mais madura, sonho em encontrá-lo em algum lugar esquecido, uma gaveta cheia de coisas antigas, um armário em que ele pode ter escorregado por detrás das prateleiras ou, quem sabe, embaixo da cama.

Fantasias, porque na realidade nada disso existe mais na casa que foi um dia dela e que hoje me abriga.

Saudades.

"Cozinhar é um modo de amar os outros" — repito a frase de Mia Couto, porque perene, e como gostaria de ter esse livro para fazer uma bacia de rissoles! Tentei um caminho óbvio nos dias de hoje para pesquisar uma receita de rissoles, a Internet. Procurei em um site português e qual não foi a minha surpresa ao me deparar com 50 receitas: rissóis de atum, rissóis no forno de algas, rissóis de salsicha. Havia medidas em decilitros, que não facilita muito; muitas usando margarina, que abomino.

Nada me parecia ser como o rissole da minha mãe, nem mesmo com os rissóis que comi em Lisboa, por exemplo, na Pastelaria Versailles, uma das mais tradicionais da cidade. Não pensei duas vezes ao ver no cardápio Rissóis com salada russa. Podia ter escolhido algo mais leve, claro que podia, porque é fácil em qualquer restaurante pedir peixes deliciosos grelhados, mas não consegui resistir ao apelo do passado, das saudades do tempo em que a maior preocupação era comer tantos rissoles quanto a barriga aguentasse.

Não eram os rissoles da minha mãe, mas a saudade foi em parte saciada.

Se Proust se lembrava da infância ao comer madeleines, eu me contento — e muito — com rissoles.

Saudades.

A ideia de encontrar uma boa receita continuou a me perseguir. Em tempos de veganismo, comidas sem glúten e sem lactose até a palavra rissoles parece pecado para muitos. Repassei na memória onde havia comido rissoles no Brasil. Nos coquetéis eles foram abolidos, junto com a empadinha, a bolinha de queijo e a coxinha, o que acho um ultraje. Esse cardápio clássico dos anos 1960 e 1970 foi substituído por algo que precisa de "bula" para ser entendido: *confit* de miúdos de pato com calda caramelizada de tangerina; *fondant* de queijo com caviar de berinjela, língua marinada no vinagre de ervas com blinis de quinoa, entre tantas outras excentricidades dos coquetéis gourmetizados. No famoso restaurante português do Rio de Janeiro, Antiquarius, havia rissoles cobrados a preço de ouro, mas o restaurante não existe mais, soçobrou junto com a elite política carioca. Em alguns botecos, ele lá está, mais massa do que recheio e muita gordura.

Restava uma opção: buscar alguém que não houvesse sido leviana como eu e tivesse guardado o livro de receitas da mãe. Bingo. Minha vizinha e amiga CE, excelente cozinheira, que hoje se dedica à alimentação ayurvédica, fez no passado muitos rissoles para alimentar os quatro filhos e me cedeu, com gentileza, a receita dos Rissoles de Dona Elia, a sua mãe, com certeza iguais aos de Dona Amaryllis, a minha mãe.

Eis a receita:

2 copos de leite
2 copos de farinha de trigo
2 colheres de sopa de margarina
(Na época todos usavam margarina, mas arrisco que deva ser trocado por manteiga. Dona Elia há de me perdoar.)

Ferva o leite junto com a margarina/manteiga. Coloque toda a farinha e mexa até formar uma bola cozida. Retire do fogo e amasse com as mãos sobre a pia. Estenda a massa não muito grossa, corte com um copo largo, recheie, feche, passe no ovo e na farinha de rosca.
Frite.
O recheio você decide: camarão pequeno bem refogadinho, ou carne moída no capricho, ou um queijinho saboroso.

Aproveite bem, coma bastante, esqueça as recomendações dos médicos por alguns minutos e, como eu, mate essa saudade que não te larga décadas depois.

Bom Apetite!

As promessas e a modernidade

NÃO sou exatamente uma frequentadora de igrejas. Não há, porém, como ser "agnóstica raiz" quando se está em Lisboa. São 56 igrejas católicas e dezenas de sinagogas e templos protestantes e budistas. Fiquei com a impressão que para onde eu me virasse, dava de cara com uma igreja.

Fui criada na religião católica, embora nunca tenha sido praticante. Até frequentei a igreja do bairro na flor dos meus 12 anos, porque era o local de encontro da turma, e lá piscava mais os olhos para os meninos do que rezava com contrição. Minha mãe não era propriamente praticante tampouco, mas tinha um apego especial a Santo Antônio. Herança da minha avó Maria da Ressureição, a Ressu, que passou essa tradição para todas as filhas. Que eram muitas, todas com nome de flor: Amaryllis, Edelweiss, Eglantine, Gardênia, Glicínia e Angélica — e devotas do santinho. Hoje elas se foram, mas seus descendentes ainda cultivam o santo, como se ele fosse parte da família. Na minha casa há um Santo Antônio em madeira que foi da avó da minha avó. Não rezo para ele, mas lá está. Minha mãe gostava de fazer algumas promessas quando estávamos — eu e meu irmão — com um problema. E aí surgia um segundo problema: como adolescentes rebeldes, nos recusávamos a pagar a promessa. Na minha lista de "pecados" estão alguma promessas não cumpridas: levar uma vela do meu tamanho na Igreja de Santa Luzia, quando estivesse bem, após ter sido descoberto muito cedo que eu tinha 10% de visão na vista direita; subir a escada da Penha depois que passei no vestibular. Eu não fui, mas meu irmão foi, sob o calor de 45 graus — e revolta-se por eu não ter ido.

Talvez tentando dirimir a falha, tornei-me frequentadora de igrejas de Santo Antônio pelo mundo. Quando minha mãe ficou doente quase me tornei uma carola, fazendo promessas e procurando igrejas de Santo Antônio pela Europa — para onde tive que ir, no meio da crise familiar, por causa de trabalho. Os agnósticos também fraquejam. Fiz questão de ir à Pádua e acender umas dez velas na igreja onde a língua do Santo, que foi encontrada intacta depois da exumação do corpo, se encontra em uma redoma e é venerada pelos peregrinos. Nem olhei, mas cumpri minha missão de acender velas. Minha mãe não está mais aqui, mas em Lisboa não podia deixar de ir ao local onde Santo Antônio nasceu e onde foi erigida a igreja em sua homenagem.

Santo Antônio é também padroeiro de Lisboa, o que causa uma certa desconfiança nos visitantes italianos. Para eles (e, por alguma razão, para brasileiros também) é "Santo Antônio de Pádua", mas para qualquer português será sempre "Santo António de Lisboa". Disputas à parte, voltemos às promessas. Quando fui acender a vela, não estava encontrando onde pudesse comprá-las. Acostumada no Convento de Santo Antônio no Rio de Janeiro, onde uma senhora na porta vende um maço de velas, percorri a igreja sem sucesso. Resolvi me aproximar de um altar com a imagem do santo e descobri algo genial, que me fez rir. As igrejas se modernizaram, quem diria:

primeiro foram as velas elétricas, que acabaram com risco de incêndio, e agora eis à perfeição: é possível acender velas através de um *app*, o Candla. E para facilitar, em um *display* na igreja, existe até um *QR code* para ajudar no *download*. O *app* é auto-explicativo e abre com uma frase: "acenda uma vela real na sua igreja ou santuário" . "Real" é exagero. Em seguida aparece uma seleção de igrejas em Portugal e na Espanha capacitadas para o acendimento virtual. Por uma vela paga-se 50 centavos.

De volta ao Brasil, posso tranquilamente acender velas na Igreja de Santo Antônio em Lisboa. Ora, pois, confesso que virei fã da novidade! Acho que finalmente vou poder cumprir a promessa atrasadas. Se calhar. Resta cumprir a mais difícil promessa: subir os 382 degraus da Igreja da Penha. Aguardo *app* que permita uma subida virtual, pois assim ficarei sem dívidas. Ou posso ainda utilizar um serviço também inovador de Portugal: o "pagador de promessas de aluguel." Um corretor de imóveis de Cascais resolveu mudar de profissão e três vezes por ano caminha 128 quilômetros de Lisboa até Fátima para pagar as promessas dos outros. Os preços não são tentadores: 2.500 euros pela peregrinação; 250 euros para rezar um terço e 25 euros para oferecer uma vela. E ele garante que não briga com a concorrência — há outros! Se um *personal* pagador de promessas vier um dia para o Rio de Janeiro, já terá uma cliente.

O Eldorado

SE eu precisasse definir do que sinto mais saudade dos meus 100 dias em Lisboa diria, ainda que pareça esranho, que é do azul do céu — nunca vi nada igual e todos os dias me sentia feliz ao olhar para o alto e ver aquele azul que de tão bonito é capaz de irritar as pessoas que vivem de mal com a vida. Para os que vivem de bem, como eu, é um presente diário. Se eu precisasse escolher somente um adjetivo para descrever Lisboa diria que é uma cidade acolhedora. É como a casa da avó, onde há sempre comida boa e farta; a casa da tia mais intelectualizada com muitos livros e cultura pra dar e vender; a casa da prima descolada, cheia de novidades do mundo; a casa do tio ranzinza, mas que no fundo é só carinho. Meu amigo e editor JS, mais talentoso do que eu**, assim definiu a cidade: "Lisboa parece pequena, mas é infinita."

Portugal é o novo Eldorado, pelo menos para os brasileiros, muitos deles tentando descobrir essa infinitude. Muitos com dinheiro resolveram se refugiar no país, desiludidos com a situação política brasileira e insegurança das cidades. Muita gente sem emprego resolveu tentar a vida na terrinha, onde o salário mínimo é só 600 euros, mas a vida é barata.

Quando fui ao Ministério da Saúde no Rio de Janeiro para tirar meu PB4 — documento que garante o tratamento médico no sistema de saúde público português

---

**   Discordo! [NE]

— constatei que há um pessoal competente e simpático que se vira para atender tanta demanda. Um deles me confidenciou que emitiam cerca de 100 documentos por dia. Na fila de espera, enquanto esperava ser chamado o meu número, fiquei observando as pessoas e eventualmente puxando conversa. Uma jovem mãe, que havia deixado a filhinha de quatro meses em casa, e aguardava ansiosa a sua vez, me contou que estava indo atrás do marido, português, criado no Brasil, sem sotaque — segundo ela garantiu — que fizera o caminho de volta dos pais imigrantes e já estava bem colocado em Lisboa. Em outro canto, um casal, que aguardava com esperança a chamada, estava indo sem nenhuma perspectiva de emprego, mas confiante que tudo ia dar certo, após o marido estar desempregado há 3 anos. Com os dois filhos pequenos partiriam com fé.

Uma amiga querida, CV, moradora apaixonada de Lisboa, me garantiu que não quer voltar. Com cidadania italiana, logo encontrou colocação e trabalha em casa para um importante site de viagens e é fotógrafa badalada de casamentos e pessoas que gostam de registrar a passagem pela cidade com as lentes da profissional, em vez de perder tempo com borrados *selfies*. Seu marido AV, no entanto, sofreu um pouco mais para conseguir uma colocação, porque demorou a conseguir o visto de permanência. Hoje, passou em um concurso e começou a trabalhar em um dos mais importantes bancos portugueses.

Uma boa história.

Outras pessoas, com quem conversei na rua, estavam satisfeitas por trabalhar, mesmo fora de suas atividades enquanto esperavam o visto. Todas as vezes em que pedi comida pelos aplicativos, ela me foi entregue por um brasileiro sorridente. Há reportagens em jornais lisboetas que dizem que os brasileiros inventaram na cidade a profissão de motoqueiro — que por lá leva o arcaico nome de "estafeta".

Todos afirmam a mesma coisa: Portugal é barato para viver e seria o paraíso mesmo se os aluguéis não tivessem aumentado tanto nos últimos anos por culpa da imigração e do turismo massivo, que transformou residências em locais de hospedagem de curta temporada. Os bairros se gentrificaram empurrando quem ganha menos para os arredores. Deve ser verdade mesmo: quando fui recebida no apartamento que aluguei, via Airbnb, a anfitriã era de uma empresa que "tem mais de 400 apartamentos para alugar aqui na cidade". E existem várias, o que diminui sobremaneira a oferta para os moradores.

Vale a ressalva: os arredores são quase todos muito aprazíveis, também.

Um querido amigo, VR, fez pós-graduação no Porto e por lá resolveu ficar. No Brasil trabalhava 16 horas por dia para ter uma vida confortável. Hoje trabalha cinco, mora de frente para o mar, montou uma pequena academia no andar de baixo do prédio em que mora e não quer outra vida. Precavido, brasileiro, além da permissão de usar o sistema de saúde pública, resolveu fazer um plano de saúde particular. Foi ao banco, fez a consulta e riu ao saber quanto iria pagar por mês: 22 euros. Não satisfeito, resolveu consultar quanto sairia o plano de seu pai, de 65 anos. A resposta: surpreendentes 110 euros. Se jamais fizesse um plano de saúde particular, seria obrigado a usar o serviço público, que não é gratuito, mas subsidiado, e precisaria pagar "exorbitantes" 15 euros por uma consulta.

Tudo isso, mais a boa comida, o vinho a preços módicos, o ambiente universitário, a segurança, o bem viver fizeram que sua ida, a princípio para uma vida provisória, se tornasse definitiva.

Gostaria de contar neste livro só coisas boas, bacanas, legais, enfim, *fixes*, como dizem os lisboetas. Mas nem tudo é assim. Eu vivo em uma bolha, das pessoas brancas, de classe média, nível universitário e velhas — e uso a palavra certa porque odeio o eufemismo "melhor idade". E que esteve 100 dias em Lisboa por querer, para ficar ao lado das pessoas que ama — minha filha, meu genro e meu neto — e dividir a experiência com as amigas, que me acompanham ao longo dessa jornada. E com você, leitor ou leitora, que esteve comigo desde o começo desta viagem nas redes sociais e agora no livro.

Não consigo, porém, deixar de ser solidária com os brasileiros que estão buscando Portugal realmente como o novo Eldorado, já que a situação não está fácil para ninguém no Brasil. Em Lisboa muitos encontram trabalho, uma boa educação e saúde para os filhos. Mas alguns encontram também rasgos de xenofobia, enxurrada de preconceitos e um montão de dificuldades. Algumas reportagens em jornais relatam que aumentam os casos registrados de xenofobia contra a maior comunidade estrangeira no país, a brasileira.

Sou solidária, e muito, com os participantes do grupo na rede social Portugal em Shamas, criado pelo escritor e ativista Anderson França, o Dinho, que precisou sair do Brasil por causa das ameaças à sua vida. A página tenta criar uma rede de ajuda "pra quem tá realmente sem saída." Um dos mais talentosos escritores surgidos nos últimos tempos com seu *Rio em Shamas*, agora, mais uma vez, cava um lugar ao sol, em todos os sentidos. É dele a definição:

> *Oi gente brasileira, caboverdiana, portuguesa e de onde mais. Criei esse grupo para falar das experiências diárias em Portugal, ajudar brasileiros que precisem, enfim, pra quem tá realmente sem saída. E para trocar experiências de trabalho, moradia, cultura e sociedade com portugueses.*

Anderson e sua militância ferrenha são uma ótima referência para todos que precisam caminhar no novo país. Há relatos comoventes de pessoas que encontram mais problemas do que soluções e ainda bem que existe muita gente se organizando, através do grupo, para criar realmente um sistema de apoio para exilados.

Mais de perto ainda, me tocou a vida de dois amigos que meu neto Felipe arrumou na pracinha perto da sua casa: um brasileiro e outro de Bangladesh. Eles adoravam o meu neto, brincavam com ele, protegendo-o de qualquer perigo com uma meiguice absurda. Apesar de serem muito mais velhos, acatavam os pedidos do pequenino mandão de três anos. Com frequência, porém, os dois foram agredidos com palavras por velhos moradores do bairro e até mesmo por outro imigrante de situação social que acreditava ser mais elevada. Quase sempre eles ouviam que deviam parar de jogar futebol e voltar para a sua terra. Um dia, eu e minha filha estávamos próximas e decidimos interferir. Não conseguimos aguentar tamanha grosseria e falta de sensibilidade de um adulto. Eles, porém, disseram que não precisava, "que eles estavam acostumados". Isso nos doeu mais ainda. Eles deram respostinhas quase desaforadas, como "se o senhor me der 1.500 euros eu volto pra minha terra!". Tomara que eles não se acostumem de verdade e entendam que têm direitos. E que o preconceito não deixe marcas. Da minha parte decidi ficar durante a minha temporada de olho nas pessoas que se aproximavam deles. Eu e minha filha ficamos meio de cães de guarda, ameaçando a qualquer momento, se necessário, "tirar as tamancas".

Os jornais alertam que muitos brasileiros estão fazendo o caminho de volta. "Nos últimos cinco anos o Programa de Apoio ao Retorno Voluntário e à Reintegração (Árvore), ligado à Organização Internacional para

Migrações (OIM) e ao governo português, financiou a viagem de volta de 1.639 brasileiros", como noticiou a *Folha de S. Paulo*, em 2018. No ano de 2019, esse número deve ter aumentado consideravelmente.

Assim como a chegada de novos brasileiros.

Torço para que o Eldorado não desapareça e que o pequeno país, com 11 milhões de habitantes, consiga absorver mais brasileiros. E que eles sejam tratados com carinho como os personagens das novelas da televisão — que por anos foram os brasileiros que os portugueses conheciam melhor. Até hoje, em novelas portuguesas há um núcleo de brasileiros, como para lembrar o tempo em que as telenovelas pátrias eram soberanas.

E mais, torço para que ninguém mais seja obrigado a deixar o Brasil, seja pelo desemprego, pela segurança e, principalmente por ameaças de morte.

E que todos possam desfrutar da terrinha como eu, por prazer.

Carta do achamento

TENHO uma certa fixação pela carta de Pero Vaz de Caminha, escrita entre 26 de abril e 2 de maio de 1500. É o documento oficial do "Achamento do Brasil" e relata a Dom Manuel, o rei de Portugal, a passagem das caravelas de Pedro Álvares Cabral pela estranha terra onde as mulheres andavam nuas,

> *e uma daquelas moças era toda tingida de baixo a cima, daquela tintura e certo era tão bem feita e tão redonda, e sua vergonha tão graciosa que a muitas mulheres de nossa terra, vendo-lhe tais feições envergonharia, por não terem as suas como ela.*

E "onde se plantando, tudo dá". Adoro esses trechos descritivos e espantados. Rio ao saber que de toda a tripulação ficaram aqui degredados e que Pero, num átimo de nepotismo, pediu ao Rei que resolvesse a vida de seu genro.

Em 2010, após ganhar um prêmio, fui produtora e roteirista — ao lado de incansáveis e maravilhosos cúmplices, também roteiristas e produtores, Janaína Diniz, Bruno Laet, Cecília Vasconcellos, João de Mello e Daniela Arruda — do curta-metragem *O Brasil de Pero Vaz caminha*, que percorreu com sucesso muitos festivais internacionais. Lemos exaustivamente a carta de Pero até encontrar os trechos que gostaríamos de usar para mostrar que o Brasil pouco havia mudado desde 1500 em muitos detalhes narrados por Pero.

E continuei a pensar muito na carta quando estava em Lisboa. Sentada à beira do Tejo, ao lado do Padrão dos Descobrimentos, quase via as caravelas partindo rumo ao nada, com Pero à proa pronto para contar tudo o que acontecia. Assim, inspirada pelo escriba, e prestes a partir, escrevo uma versão ao reverso da carta. Eu me coloco no lugar de Pero e falo da minha descoberta nestes 100 dias passados em Lisboa, roubando vários trechos da carta de 1500.

Quem quiser, pode ir à Torre do Tombo, junto à Universidade de Lisboa, pedir para ler a própria carta, que está no arquivo.

Por enquanto, fica a minha carta.

Você, que lê agora este livro, é o meu rei.

Senhor,

posto que o Capitão-mor desta Vossa frota, e assim os outros capitães escrevam a Vossa Alteza a notícia do achamento desta Vossa terra nova, que se agora nesta navegação achou, não deixarei de também dar disso minha conta a Vossa Alteza, assim como eu melhor puder, ainda que — para o bem contar e falar — o saiba pior que todos fazer!

Todavia tome Vossa Alteza minha ignorância por boa vontade, a qual bem certo creia que, para aformosentar nem afear, aqui não há de pôr mais do que aquilo que vi e me pareceu.

Da marinhagem e das singraduras do caminho não darei aqui conta a Vossa Alteza — porque o não saberei fazer — e os pilotos devem ter este cuidado. Posso dizer somente que os lugares e espaços eram escassos e nos espremíamos como podíamos entre as fileiras de cadeiras como gado. Lembro à Vossa Alteza que, em tempos remotos, viajávamos com mais conforto, mas sei que as verbas andam escassas e compreendo a vossa determinação de tornar a viagem, senão enfadonha, quase um pesadelo, com o perdão de Vossa Realeza. Mas o que importa é o que vi e aqui relato.

E portanto, Senhor, do que hei de falar começo:

E digo quê:

A partida do foi no dia 14 de dezembro tarde da noite e no dia seguinte já avistei Lisboa. A saber, primeiramente sete colinas altas e redondas, terra chã com arvoredos e uma imensidão de água que, por mais que se assemelhe ao mar, soubemos depois se tratar de um rio, embora muitos duvidassem. Ao chegar em terra avistamos os primeiros moradores, fardados, em pequenas cabines, a espreitar-nos buscando algo que não sabíamos bem o quê. Nos aproximamos e descobrimos que só precisavam conferir nossas faces. As armas estavam depostas, como convinha ao momento, mas temíamos que isso se modificasse, o que não se concretizou, pois a terra é pacífica.

E andando pela cidade, na distância de poucas léguas do sítio, chegamos finalmente ao nosso pouso, local onde colocamos nossos pertences e decidimos observar bem de perto os mancebos engalanados e as mulheres de preto. A feição deles é serem brancos, um tanto avermelhados do sol, de bons rostos e bons narizes, bem feitos. Os cabelos deles são corredios. Ficam pelas praças a jogar pequenas cartelas de papel. As mulheres carregam sacolas e sobem e descem ladeiras com esses fardos, sem precisar da ajuda de ninguém. Um peixe seco e salgado nos foi oferecido e seu gosto era profundo e prazeroso. Com ele um vinho rascante que impregnou o paladar.

Andam muito pela cidade em algo quadrado a que chamam de autocarro. Curiosamente é fácil entrar neles, mas sair exige reforço redobrado de todos nós, pois se postam na saída desde o momento em que entram. Usam expressões interessantes como "se calhar", "se faz favor" que, quem sabe, poderíamos adotar em favor da gentileza. São bem explicados os caminhos, caso necessite um rumo. Aliás, se me permite Vossa Alteza, eles explicam tudo com vagar e precisão, o que faz falta nesse vosso reino.

São muito religiosos e cá há dezenas de locais de veneração ao Senhor. Alguns surpreendentes, como a Sé: outro bem perto homenageia Santo Antônio, e não sei, Alteza, se é o mesmo que o de Pádua na Itália. Alguns dizem que sim, mas me pergunto se ele pôde ser santo em dois lugares. Acabada a missa, desvestiu-se o padre e pregou uma solene e proveitosa pregação, da história evangélica; e no fim tratou da nossa vida, e do achamento desta terra, referindo-se à Cruz, sob cuja obediência viemos, que veio muito a propósito, e fez muita devoção.

Até agora não pudemos saber se há ouro ou prata nela, ou outra coisa de metal, ou ferro; nem lha vimos. Contudo a terra em si é de muito bons ares frescos e temperados, porque neste tempo d'agora assim os achávamos como os de lá. Águas são muitas; infinitas. Em tal maneira é graciosa que, querendo-a aproveitar, dar-se-á nela tudo; por causa das águas que tem! Especialmente vinhos.

Andamos muito, por vezes vendo o ribeiro, o qual é de muita água e muito boa. Ao longo dele há muitas palmeiras, não muito altas; e muito bons palmitos. Colhemos e comemos muitos deles. Ou seriam bananas da terra? E lulas regadas no bom azeite, carapaus fritinhos, prego no pão, porque aqui, Vossa Alteza, cultiva-se o bem comer. E de ouvir música e dançar. O Capitão mandou aquele degredado MS e a outros dois degredados, seus parentes IG e FS que fossem meter-se entre eles. E aos degredados ordenou que ficassem lá esta noite. E eles ficaram prazerosamente. E foram ficando por seis meses mesmo quando os 100 dias estipulados por Vossa Senhoria acabaram. Parece que outra degredada logo se infiltrou também nesta família e promete concorrer com este vosso escriba no que há de ser relatado desta terrinha. Peço que não leve em consideração os escritos sem sentido dessa tal de TC.

Creio, Senhor, que, além desses degredados que acabo de lha falar, há mais milhares de outros a chegar nesta terra. E cremos que ficarão aqui porque se sentem acolhidos, conseguem sobreviver e são bastante queridos pelos habitantes dessa terra longínqua. Problemas existem, alguns nem os tratam tão bem assim, mas a persistência, o desejo de mudar são muito fortes nestas bravas pessoas, o Senhor há de compreender o porquê de não quererem retornar.

Sem desrespeitar Vossa Alteza, eu até gostaria de estar entre eles, mas preciso relatar tudo o que aconteceu, além destas linhas.

E desta maneira dou aqui a Vossa Alteza conta de parte do que nesta Vossa terra vi. E se a um pouco alonguei, Ela me perdoe. Porque o desejo que tinha de Vos tudo dizer, mo fez pôr assim pelo miúdo.

E pois que, Senhor, é certo que tanto neste cargo que levo como em outra qualquer coisa que de Vosso serviço for, Vossa Alteza há de ser de mim muito bem servida, a Ela peço que, por me fazer singular mercê, mande vir da ilha de São Tomé a Jorge de Osório, meu genro — o que d'Ela receberei em muita mercê.

Desta cidade de Lisboa, capital de Portugal, hoje, dia da partida, 24 de março de 2019.

Tania Pero Carvalho Vaz de Caminha

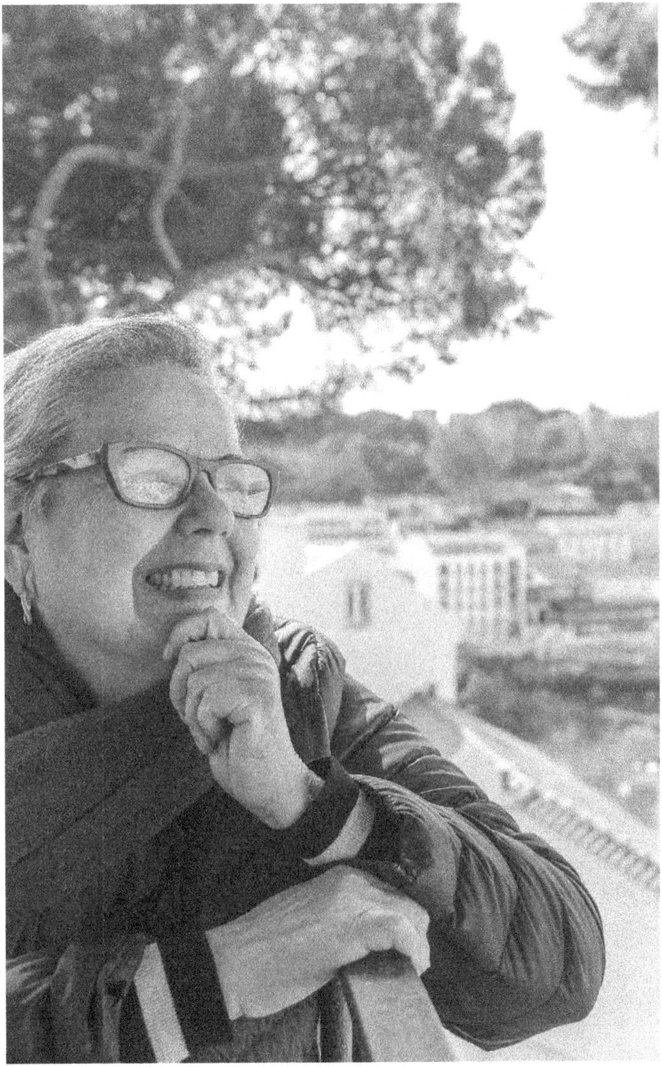

A partida

Como se ter ido fosse necessário para voltar.
("Back in Bahia", Gilberto Gil)
Ai, vontade de ficar, mas tendo que ir embora.
("Serenata do Adeus", Tom Jobim e Vinícius de Moraes)
Vou voltar/ Sei que ainda vou voltar.
("Sabiá", Tom Jobim e Chico Buarque)

TODAS essas músicas passaram pela minha cabeça ao fazer as malas após uma temporada tão repleta de afeto em Lisboa. Não são canções alegres, esfuziantes, mas refletem o meu estado de espírito.

Fiquei feliz por voltar para a minha casa, ao meu trabalho, especialmente com a possibilidade aberta de escrever novo livro sobre os 100 dias. Triste por partir após tanto tempo sentindo uma tranquilidade que não é mais possível no Brasil, ou pelo menos no Rio de Janeiro, onde se morre de "susto, bala ou vício" — como em outra canção, "Soy loco por ti América", de Gilberto Gil e Capinam.

Como seria voltar depois de 100 dias despreocupada?

A segurança é a preocupação maior de todos os brasileiros. E por isso mesmo respiramos tranquilos quando estamos no exterior, em lugares sabidamente seguros. Especialmente em Portugal que vem sendo eleito um dos três mais seguros lugares para turistas, viajantes e moradores. Eu, por exemplo, mudei completamente de comportamento em Lisboa. Largava a bolsa no banco da pracinha, não olhava para os lados apreensiva quando saía à noite sozinha, falava no celular no meio da rua como se não houvesse amanhã.

Como Portugal não entrou na rota do terrorismo, podia ficar tranquila também de que não estaria ao lado de um terrível ato criminoso — o que já aconteceu comigo, que estava a um quarteirão do atentado ao *Charlie Hebdo*, em Paris. Ouvi os tiros e presa em casa acompanhei a todos os acontecimentos posteriores pela TV, tendo a polícia francesa na porta do meu prédio. Um horror! Sem contar que também estava no Alaska no 11 de setembro, tendo ficado presa uma semana em Vancouver porque os aeroportos estavam fechados.

Não sou azarada, não. É o mundo que se transformou e ninguém está seguro em lugar algum.

Exceto em Lisboa, ou pelo menos assim me senti. Não que os portugueses sejam imunes ao medo, ao contrário as fechaduras das casas são triplas e as portas dos prédios permanecem trancadas até que o visitante toque o interfone do apartamento desejado, que fica do lado de fora do prédio. Normal, certo? Só que o interfone não funciona para voz, normalmente o morador abre a porta sem saber quem de fato está lá embaixo.

Nos primeiros dias, se não me avisassem da visita, eu simplesmente ignorava a campainha.

Afinal, carioca, 66 anos de praia, e não ia dar um mole desses. E foi assim que deixei fora alguns técnicos da companhia de eletricidade. Em Lisboa, os relógios estão dentro dos apartamentos e mensalmente são checados.

Em uma semana, porém, já abria a porta na hora.

Em um mês, já me sentia tão tranquila, que nem me preocupava em trancar a porta, apesar dos protestos dos portugueses, que veem perigo em tudo.

Ah, se eles soubessem!

Uma coisa é clara e não me passou despercebida nesses 100 dias: a população é velha. Confira a estatística: Portugal tem uma população de cerca de 10 milhões de habitantes e, destes, mais ou menos 30% têm mais de 55 anos. Já no Brasil há 16% de maiores de 55 anos. Há quem vá dizer: ora, se o Brasil tem mais de 200 milhões de habitantes, 16% dessa população são mais significativos do que os números de Portugal. São 32 milhões *versus* três milhões, se não me falha a matemática, que não é o forte. Aceito correções numa boa. E terá razão quem pensar assim.

O fato é que, independentemente dos números, é visível em Lisboa a quantidade de velhos nas ruas. Talvez os 70% mais jovens estejam trabalhando e não saracoteando, mas não tenho capacidade para analisar. Digo o que vi. E só.

Ao contrário de Paris, onde as velhas abundam em charme, não têm medo de cores ou de andar de bicicleta, estão sempre charmosamente vestidas e com cortes de cabelo espetaculares, em Portugal as velhas se vestem sisudamente, usam muito preto, talvez por uma viuvez eterna, e meias grossas. Ou pelo menos foi o que observei nos bairros em que morei, Penha de França e Arroios, que talvez concentrem a maioria da população de mais idade. (Meu editor, JS, pede para avisar que pelo menos para o lado onde ele mora, é bem diferente: as idosas são sempre charmosas e na última moda). Os homens usam ternos, boinas e sempre estão bem agasalhados.

Ao contrário do Brasil, local em que as mulheres acham que não aparentam mais de quarenta anos, embora tenham 20 a mais, em Lisboa as mulheres têm orgulho da sua idade e não querem ser mais jovens. Não perdem, porém, a vitalidade: andam de ônibus, fazem compras de supermercado e sobem e descem ladeiras com as sacolas. Adoram bater um papinho no ônibus com desconhecidos, se metem na vida dos outros dando palpites, jogam cartas nas pracinhas — assim como os homens — e, de vez em sempre, dão uma resmungada buscando apoio aos seus reclames.

Eu que estou na metade dos 60, e nem tão charmosa quanto as francesas, nem ousada como as brasileiras e muito menos sisudas como as portuguesas, me surpreendi algumas vezes por ter que pedir um ingresso de cinema para sêniores e encarar uma cara de certa incredulidade. No embarque de Lisboa para Paris, comentei com a atendente da companhia aérea que não havia prioridade como existe no Brasil. "Aqui na Europa são todos velhos. Já vocês, brasileiros parecem sempre jovens. Acho que é a praia e os sucos que vocês tomam."

No Brasil, porém, ninguém nem pestaneja em me dar logo o lugar devido aos velhos.

Começo a sentir saudades de algumas coisinhas miúdas. Se sentir mais nova nem é tão miúda assim.

Minhas observações não têm nenhum rigor, por vezes corrigidas pelos portugueses com quem conversava. Por exemplo, sempre achei os portugueses melancólicos, talvez pela influência das letras dos fados. E porque a palavra "fado" significa destino, quase sempre inexorável. Mas em um delicioso bate-papo com LC, da Guiné-Bissau, que vive desde pequena em Portugal, mudei de opinião. Afinal, ela os conhece muito melhor do que eu. "Os portugueses não são melancólicos, são sisudos, e fazem cara feia, como se houvesse uma dívida tua jamais paga, mas é tudo aparência. Até meu filho é assim". E completou: "deves ter percebido também que eles discutem muito, arrumam encrenca no elétrico, mas não é de verdade, na hora de reivindicar não são como os franceses, gregos, espanhóis. Eu bem gostava que fossem".

Não sou magra, nunca serei magra, e por causa disso tenho toda a gulodice do mundo. Mas em Portugal há boa e saudável comida por toda a parte. Passei três meses e pouco em Portugal e não engordei uma grama. Ao contrário, em uma semana nos Estados Unidos acrescentei um quilo e meio. Mas isso é assunto para outro livro. Se calhar. Importante saber que os portugueses, assim como os franceses e os italianos, valorizam a boa comida. E eu, que adoro comer, fiquei muito feliz em poder andar pelas tascas, uma das maiores tradições do país. Há muitos sinônimos para tasca: "taberna", "tasco", "baiuca", "botequim". Prefiro dizer que são pequenos restaurantes simples com comida excepcional, como as pataniscas — lascas de bacalhau envoltas em uma massinha deliciosa —, os pastéis de bacalhau (para nós, "bolinhos"), o polvo grelhado com grelos (cuidado com a interpretação, é um vegetal, broto de nabo ou couve) e tantas outras delícias. As porções e os preços são generosos, mas vale repetir a dica: resista aos queijinhos, as saladas de polvo e as azeitonas que eles colocam à mesa antes da refeição, são tentadoras, mas encarecem a conta.

É claro que há restaurantes estrelados, com *chefs* famosos, mas não são para o meu bico, em todos os sentidos. Um dia, inadvertidamente, entrei em um na hora do almoço, e a primeira pergunta foi se eu tinha reserva, não tinha. Olhei para o balcão e vi um balde de champanhe e um menu de 150 euros. Enquanto o homem procurava um lugar, me escafedi rapidamente. Não era para o meu bico e vai continuar sem ser.

Comer bem e pagar justo, que mal tem? Eu acho excepcional esta dupla. Sinto muitas saudades dessa combinação.

Minha boca saliva ao pensar no quanto comi bem em 100 dias.

E para acabar, afirmo e assino embaixo: há 26 anos não visitava Portugal e hoje posso dizer com certeza de que

Lisboa é uma cidade onde a tradição e a modernidade convivem: tascas e restaurantes estrelados; batatas fritas e batatas ao murro como acompanhamentos; McDonald's e ginginhas; pastelaria de 1903 e outra que se orgulha e coloca na placa que foi fundada em 2016; lojas de grifes e hospital de bonecas; livros de Eça de Queiroz e Jennifer Egan convivendo na mesma banca de uma livraria; uma loja de sardinhas, de 1942, onde se misturam latas coloridas e 2000 livros. Aliás, o próprio LX Factory é uma junção da tradição e modernidade: um antigo complexo fabril, fundado em 1842, que hoje reúne empresas, lojas, expositores em seus 23.000 metros quadrados. Tudo moderno, *hype*, *fashion*, ou outro adjetivo ligado às coisas de vanguarda. Assim como o Centro Cultural de Belém "conversa" com a arquitetura do Mosteiro dos Jerónimos, e ambos são monumentos à cultura.

Ou seja, Portugal é avôzinho e neto ao mesmo tempo. E talvez por isso hoje seja um dos destinos mais procurados pelos turistas do mundo: ouve-se aqui todas as línguas, mas o português do Brasil é soberano. Lisboa, decididamente, não é mais a porta de entrada da Europa, mas o melhor que o velho continente pode oferecer. E que agrada velhos e crianças.

— Eu adoro Portugal — foi a frase que ouvi do meu neto na hora da partida.

— Eu também, eu também...

Quanto mais entrosado você se sente, quando percebe que tudo é bem perto, já conhece caminhos e o melhor meio de chegar aos lugares está na hora de ir embora.

A despedida é sempre triste. Saí de Lisboa depois de 100 dias com saudades do céu azul deslumbrante e das inúmeras possibilidades que a cidade oferece.

E aqui encerro o meu inventário de sensações, um pequeno resumo do que vi e senti nessa viagem. Com um fado, como muitos que invadiram o meu coração e seu lamento pelas coisas perdidas e amores impossíveis.

> *Vou regressar à vida que vivi*
> *Quero voltar a ser tal como outrora*
> *Maldito seja o dia em que te vi*
> *Bendito sejas tu, p'la vida fora*
> ("Despertei", de Linhares Barbosa e Casimiro Ramos)

Adeuzinho, Lisboa!

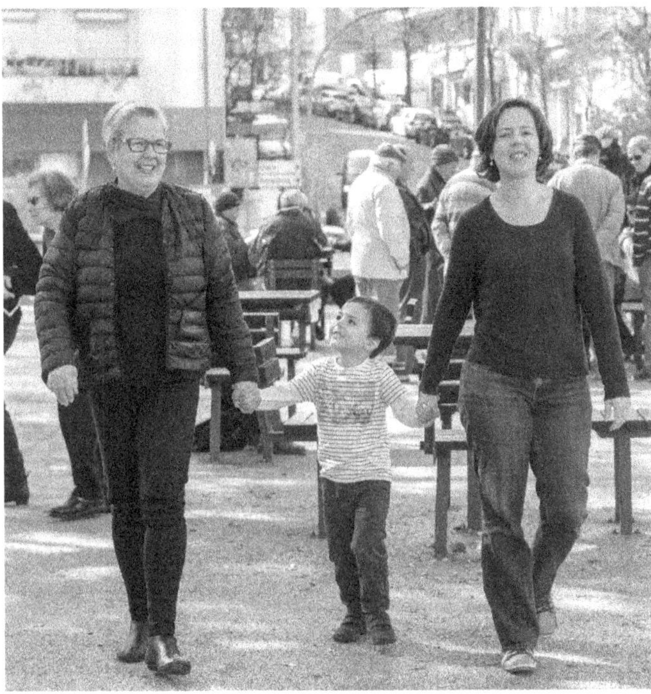

Epílogo
Carta para Felipe

RIO de Janeiro, um dia de outono em 2019

Meu amorzinho

A memória é traiçoeira em dois momentos da vida, na infância e na velhice. Dizem que as crianças sofrem de amnésia infantil, fundamental para que o cérebro se desenvolva. E há quem estude isso: "Nenhum de nós se lembra de algo anterior aos 2 ou 3 anos de idade. A maioria não se recorda de nada que ocorreu antes dos 4 ou 5", diz Catherine Loveday, da Universidade de Westminster, no Reino Unido. Como você ficou seis meses em Lisboa, exatamente entre os 3 e 4 anos, decidi encerrar este livro com esta carta, para que você possa saber como foi a sua vida neste tempo em uma cidade tão linda quanto Lisboa.

Escrevo enquanto ainda me lembro, porque farei o caminho inverso do seu. Quanto mais você se lembrar das coisas, possivelmente eu estarei esquecendo-as. E como livros são perenes, você poderá ler esta carta quando quiser. Talvez sua mãe Isabel, seu pai Marcus e, quem sabe, eu mesma leiamos antes até da sua capacidade de compreensão, como uma das historinhas que você gosta tanto dos seus livros repletos de fantasia. Em vez da Rapunzel, o diário da vovó.

Provavelmente na adolescência, você não dará à mínima para estas palavras.

Tenho certeza, porém, de que em algum momento da sua vida você vai gostar de saber como era na infância, especialmente neste tempo mágico na "casa de férias", como você chamava sua moradia em Penha de França: um edifício amarelo, de esquina, com uma porta dura de fechar e um elevador bem antigo, com grades que se fechavam manualmente, e que você adorava todos os dias tocar em pelo menos um andar a mais do que o seu, só para passear mais.

Você amava brincar na Praça Paiva Couceiro, bem pertinho de sua casa, em especial com os amigos que fez logo no primeiro mês. Muito mais velhos do que você, um brasileiro e um bengalês, foram seus parceiros no pique, na bola ou no esconde-esconde. Eram eles, também, que o ajudavam a subir e descer do teto do trenzinho de brinquedo. Ainda bem que com seus 3 anos, você nem percebia quando eles eram alvos de grosserias por parte de alguns xenófobos, que insinuavam especialmente que eles deviam voltar para a sua terra. Mas disso você não precisa lembrar, só estar consciente e lutar quando já for adulto para que isso não aconteça em lugar algum do mundo.

Por onde passava, você sempre arrumava amigos, alguns que você convidava, outros que você instigava a entrar na parceria ao passar correndo e dizendo: "não me pega, não me pega", sempre olhando para trás para ver se o outro estava vindo mesmo. Às vezes a estratégia não funcionava, noutras era certeira. Mas certamente os jardins lisboetas ficaram mais alegres com a sua passagem.

Em Lisboa você aprendeu palavras novas, algumas tipicamente portuguesas como "fixe", que quer dizer "legal", outras mais empostadas que você sabia usar com perfeição como "magnífico", "frustrado", "íngreme", "impressionante". Foi lá também que você teve as primeiras dúvidas existenciais: "quando eu for grande, vocês (os pais) vão embora?"; "se eu não posso casar com a mamãe, porque ela é casada com papai, talvez possa casar com a vovó, que não é casada com ninguém"; "acho que não vou casar com ninguém e ficar com vocês (os pais)".

É com orgulho danado que conto que você sentiu muito a minha falta, amou quando eu cheguei e se frustrou quando eu fui embora. Saiba que esse livro só existiu porque decidi que não podia ficar tanto tempo longe de você, aí comecei a escrever em uma rede social, as pessoas gostaram, meu editor concordou e nasceu *100 dias em Lisboa*.

Ficamos muito juntos, na sua casa, na minha casa e nos passeios. De vez em quando você emburrava um pouco, sem mais nem porque, como no dia em que me chamou de "boba, feia e chata". Logo eu, que havia ensinado para você os três xingamentos que serviam para a mesa, quando você batia a cabeça na quina, e para a cadeira e outros objetos inanimados, quando você tropeçava. Alguns minutos depois você me pediu algo e fiz ouvidos moucos. Você insistiu e rebati: "mas eu sou boba, feia e chata". Resposta imediata: "Não vovó, você é linda, fofa e inteligente". Na verdade, acho que você achava isso tudo de mim. Modestamente.

Foi em Lisboa que você fez as primeiras aulas de iniciação musical e amou. Lá também você aprendeu a nadar com um professor que não lhe dava mole. Você era um dos mais animados da turma, mas também o que mais inventava coisas, acrescentava sempre algo ao que o professor pedia. "Flip!", "Flip!" — era o único nome ouvido na piscina, com o professor chamando-o com o mais profundo jeito português de cortar algumas vogais.

Você, louco por meios de transporte, andou de ônibus, de metrô, de tuk tuk, de charrete e de ônibus que virava barco. Quando adentrou o Tejo, você vibrou com o "Hip Hip Hurra" puxado pela guia. Se fosse pelo seu desejo, aquele ônibus ia entrar no rio por um dia inteirinho.

E foi em Portugal, que você viu neve a primeira vez, e só isso já haveria valido os seis meses. Será que você se lembra de algo da Serra da Estrela?

Fui sua companheira em muitos momentos, e ter vivido tudo isso com você me deu uma felicidade imensa. Passar um dia inteiro juntos sempre foi motivo de alegria, amor e carinho. Poucas manhas e chororôs, estes sempre direcionados aos pais, o que sempre acontece em todas as famílias. Para as avós, só amor. Com os pais, hora de exprimir frustrações, com a certeza do acolhimento.

Este livro é dedicado a você, que me fez descobrir um amor que achava que não existia mais em mim.

Livros são eternos, o que não serei.

Só desejo que você seja sempre o menino esperto e amoroso, de olhos grandes e cílios maiores ainda, sempre desejoso de aprender algo novo, amante dos livros, da música e das pessoas.

E que você volte à Lisboa, olhe para aquele azul deslumbrante do céu, que só lá existe, e pense em mim.

Eu te amo até o infinito... e além. Sempre. Onde eu estiver.

Vovó

Caderninho de viagem

ESTE caderninho de viagem é um miniguia do que fiz antes e durante a minha temporada em Lisboa. Tudo que você vai ler é resultado de experiências vividas em restaurantes, museus, passeios — testado e aprovado (ou não) por mim. Tentei colocar o máximo de links para facilitar a sua vida na próxima ida à Lisboa, tanto dos lugares citados aqui no miniguia, como aqueles referentes aos capítulos do livro. O que posso desejar é que você tenha dias tão prazerosos como os meus.

Quanta coisa para fazer antes de partir!

Sou cautelosa, metódica, previdente e gosto de tudo bem organizadinho antes de uma viagem. O tempo, porém, foi meu inimigo. Tive dois meses para organizar tudo, tudinho mesmo. É de enlouquecer uma taurina. E velha — quando ficamos mais previdentes do que nunca levando um *nécessaire* de remédios com excesso de peso, daquelas que se abrirem na imigração sou mandada de volta imediatamente por comércio ilegal.

Meus primeiros passos foram:

Verificar se o **passaporte** estava na validade. A regra para Portugal e todos os países do Acordo de Schengen (a União Europeia, mas não o Reino Unido) é que seu passaporte esteja válido por mais três meses da sua data de partida. Seu visto de turista valerá por três meses. Se pretender ficar mais tempo, resolva o problema no Brasil e não acredite nos amigos que dizem que tudo se resolve por lá. Até resolve, mas demora muito para conseguir agendar na SEF (Secretaria de Estrangeiros e Fronteiras), porque há muita gente na fila. Às vezes o agendamento é marcado para depois da data da partida, mas só ter o agendamento já basta para estar legal em Portugal. Se quiser dar um rolê pelo resto da Europa, pense duas vezes, porque estará ilegal no Espaço Schengen. A conferência de passaportes não acontece cotidianamente quando se viaja pela Europa, mas pode haver. Ninguém quer correr o risco de uma deportação, certo? E como os pedidos crescem em progressão geométrica para vistos de estudo, trabalho, residência e turismo por mais de três meses, já existe no Brasil um atendimento online, através de uma empresa VFS Global, autorizada pelo Ministério de Negócios Estrangeiros de Portugal.

Procurar um apartamento. Para alugar por temporada existem duas opções básicas em Portugal, meu bom e velho companheiro de viagens, o Airbnb, ou o OLX. Como sou metódica, quase chata, e detesto desconhecidos fui na primeira opção. São muitas ofertas e com preços bem razoáveis, bem diferente das outras capitais na Europa, mesmo que hoje Lisboa seja um grande destino para turistas e imigrantes. Por 60 dólares/dia é possível alugar um apartamento legal, com dois quartos, três camas. Elevador é coisa raríssima. Não deixe de ler os comentários pois é lá que você descobre quantos degraus você terá de arrastar mala acima e abaixo. Ou procure mais: eu consegui dois apartamentos com elevador e recomendo com entusiasmo o segundo: airbnb.com.br/rooms/23776827

Comprar **passagem aérea**. Prepare-se para uma odisseia interminável no computador. Há voos de todos os preços (todos caros) e com tempos variáveis. Lisboa é bem perto, comparada às outras cidades europeias. Sem escala, fica entre 7 e 11 horas das principais cidades brasileiras. "Oba, achei um voo direto na data que quero" — você pensa. Não se anime, porque imediatamente a companhia lhe oferece para a volta um voo diurno com duas escalas que irá demorar 27 horas e meia. Continue a busca por infindáveis horas. É preciso ser criativo: depois de dois dias de procura, decidi mudar tudo e terminar a minha viagem em Paris: na ida tudo é festa e a conexão não dói; na volta, um pitstop de uma semana na cidade-luz (que não encarece a passagem), festa também. Melhor do que uma das opções que recebi: Rio/São Paulo/Frankfurt/ Berlim/ Lisboa, 20 horas de voo. É preciso estar atento e forte. Para o pesquisador obsessivo ou curto de grana, recomendo o site kaykak.com.

Tire o seu PB4, que dá direito aos brasileiros a usarem o sistema de **saúde pública** português. Para tirar o PB4 é preciso ir a um Núcleo Estadual do Ministério da Saúde na sua cidade e o documento sai na hora. É necessário levar RG, CPF, passaporte e comprovante de residência. Quem viaja com a família, pode requerer para todos com a apresentação dos documentos. E ainda no quesito saúde, os brasileiros normalmente optam por ter também um seguro de viagem, até porque é necessário o tal seguro de 30.000 euros para o Espaço Schengen (nunca me pediram, mas...). A maioria dos cartões de crédito oferece este seguro, mas nem sempre as pessoas ficam somente com essa possibilidade, preferindo ter mais uma opção. Pesquise bem na Internet, porque as informações são tantas e tão variadas, que dá vontade de desistir após meia hora. Uns são caríssimos, outros nem tanto, mas de reputação duvidosa. Basta uma consulta ao Reclame Aqui para você desistir de cara de pelo menos de umas cinco seguradoras. Acabei optando pelo Bradesco Seguro de Viagem. Minha filha usou os dois serviços e ficou bem mais satisfeita quando atendida pelo serviço público. A primeira vez que fui à Europa, quando tinha 22 anos, não levei nem uma aspirina, e tive zero preocupação. Hoje, embora esteja bem coberta pelo seguro, viajo com a tal *nécessaire* gigante de medicamentos. Se você é como eu, leve a receita do seu médico com todos os remédios que você achou fundamental levar (nunca me pediram, mas...). Se preferir comprar lá, pesquise primeiro os princípios ativos (o nome "genérico"), já que em Portugal os remédios têm outras marcas comerciais.

Cheguei, me instalei. E cadê o wi-fi?

Celulares são imprescindíveis na vida atual. A não ser que você seja um eremita em potencial e pretenda ficar em um lugar ermo e sem conexão com o mundo, todos querem mesmo é um chip bom e barato no **celular** para dizer diversos alôs no WhatsApp, mandar fotos para a mãe, navegar pelo mundo, vasto mundo, da **Internet** e não precisar depender do wi-fi. Em Portugal, a melhor opção de operadora é a Vodafone (que tem lojas nos aeroportos e em diversos locais pela cidade). Eu escolhi o plano Vodafone You, com redes ilimitadas, (chat pass) roaming por toda a União Europeia, 3 gigas de navegação e um mês gratuito tudo pelo preço do chip, 10 euros. Para quem fica pouco tempo, perfeito, só vai pagar isso. Para quem como eu fiz uma temporada longa, há um pagamento mensal de 17 euros. Usei em Lisboa e em Paris e o pagamento pode ser feito ou nas lojas Vodafone, nas inúmeras lojas indianas e chinesas, ou em diversas bancas de jornal. Pesquise antes de ir, porque telefonias adoram mudar tudo. E não se esqueça, celulares são chamados de "telemóveis" em Portugal. Não se preocupe com o WhatsApp, funciona sem fazer nada, mesmo com chip de número diferente (dica: quando o WhatzApp perguntar se é para mudar o número de telefone diga que não!). Outras opções são a NOS e a MEO, com lojas por todo o lugar.

Agora vou aproveitar e quero saber tudo

É bom saber algumas coisinhas básicas. Muitas foram fáceis, pois minha filha já sabia, estava há três meses em Lisboa. Outras fui aprendendo na marra, mas saiba, acaba sendo fácil, basta ficar atento ao que está escrito. Às vezes é um pouco extenso, textão mesmo, mas não se impaciente e vá em frente. Para outras cositas, observe, pergunte, não se acanhe. Haverá sempre alguém disposto a ajudar.

Ao **atravessar uma rua**, se não houver sinal, deve fazê-lo na faixa de pedestres, aqui conhecida como "passadeira". Não hesite na calçada, porque os carros só param quando você pisa na passadeira. Acredite, eles param. Mas existe uma variante: as ruas que têm sinais. Se não forem cruzamentos, você pode estranhar porque os carros continuam passando, mesmo com o sinal aberto para os pedestres. Não hesite, se colocar o pé na rua, eles param, e à medida em que você for passando, eles continuam o trajeto.

Se você é correntista do **Banco** do Brasil, é possível fazer saque da sua conta no caixa automático no shopping Atrium Saldanha, do lado da estação de metrô Saldanha. Vai pagar uma taxa de 3,50 euros e mais IOF, o que não te dá um câmbio muito favorável, mas você saca em euros e é debitado em sua conta em reais. Para uma emergência é genial. No Multibanco (como se chama lá o nosso "Banco 24h") você também tira dinheiro com seu cartão de crédito. Se você pretende ficar mais tempo em Lisboa, ou na Europa, pode fazer também uma conta no N26, gratuita, bastando baixar o *app*, indicar um endereço europeu (onde vai receber o cartão) e enviar uma foto do seu passaporte. O ActivoBank também tem uma conta gratuita, mas eles pedem seu NIF (o equivalente ao CPF), o que só vale a pena tirar se você tiver intenção de ficar bastante tempo: a fila nas Finanças é sempre quilométrica e é necessário designar um representante fiscal domiciliado em Portugal. Minha filha e genro deram sorte, porque contaram com a ajuda do dono do apartamento que haviam alugado, que acompanhou todo o processo burocrático. Gente solidária não falta em Portugal.

Se precisar ir aos **Correios**, vá ao CTT. É lá dentro que convivem uma agência bancária e uma agência de correios, e também uma livraria. Não se intimide com o nome, entre.

Não se assuste quando ao pagar alguma coisa, o caixa perguntar se você é contribuinte. Isso equivale ao "CPF na nota?" do Brasil. Não, não somos contribuintes, somos apenas turistas a se encantar com a cidade. Claro que a resposta não precisa ser longa assim, um simples "não" resolve.

Não se espante se não conseguir pagar com **cartão de crédito** em pequenas lojas ou mesmo em restaurantes. Se houver uma placa "não aceitamos multibanco", significa que você precisa catar moedas ou recorrer ao caixa automático mais próximo, o tal multibanco. Ao contrário dos "Banco 24h" do Brasil, os de Portugal funcionam mesmo 24h por dia, e quase sempre ficam na rua, sem qualquer proteção (o que deixa ressabiados muitos brasileiros, que ainda não se acostumaram com a segurança). São muitos e em todos os lugares. É claro que nas grandes lojas e restaurante eles são aceitos, mas se calhar você pode ficar em apuros. Quando procurar um caixa eletrônico, cuidado para não usar sem querer um ATM, geralmente sinalizado em inglês. Esses são para turistas, e cobram alguns euros a cada saque.

Há muitas **lavanderias** self service na cidade. Isso é útil, especialmente para os que ficam longas temporadas, porque não é hábito nas casas haver secadora de roupas. No verão, tudo bem.

No inverno, porém, a umidade bate 93% e o sol embora seja forte não é suficiente para secar as roupas. Se ficarem à noite na corda, então esqueça. O sereno da madrugada deixa-a completamente molhada. Uma confissão: nem calcinha seca. Solução é mesmo a lavanderia, que custa em média 2 euros pela secagem de 18 minutos.

Se você pretende treinar em **academias** aqui em Lisboa, saiba que em 99% delas você não pode entrar de tênis. Vá com sapato normal e troque o tênis na academia. E leve uma toalhinha, para colocar nos aparelhos, o que sempre esqueço. Fiquei fã da academia My Gym, em Arroios. Um dos professores é o simpático e competente José Acácio, nascido e criado em Seropédica, no Rio de Janeiro. Nesta academia pude ir de tênis, alugar toalha por um mês por meros 5 euros e ainda contar com a ajuda do Zé, como todos o chamam. Recomendo.

Para os comilões como eu, uma informação fundamental. Quando se come em pé um **pastel de bacalhau**, um rissole ou outro salgado qualquer eles serão servidos frios. No *couvert* servido em alguns restaurantes também são frios e tirados da deliciosa vitrine direto para a mesa. Se fizerem parte de um prato servido no estabelecimento, virão quentinhos. Dos dois jeitos são saborosos, mas é melhor saber.

Uber funciona bem em Lisboa. Às vezes o motorista é indiano e não fala bem o português. Aconteceu comigo e tive de me virar no inglês. Existe ainda o aplicativo Free Now (antigo Mytaxi) para os táxis comuns e o Kapten, que concorre com o Uber, com preços bem interessantes. Todos os *apps* podem ser baixados no celular e não dão problema.

Saiba que os táxis não carregam mais de quatro passageiros, mesmo se o quinto seja uma criança de colo. Se o número for maior, chame pelo *app* ou acene na rua para uma carrinha (carros utilitários, sempre maiores), que estão autorizados a transportar mais passageiros. Alguns carros do Uber possuem cadeirinhas para crianças, ítem de segurança obrigatório. Se não têm, recusam a corrida quando chegam e percebem o infante.

Você também pode e deve comprar um passe para **transportes públicos**. O Viva Viagem custa 0,50 euros, pode ser recarregado e comprado em máquinas de venda automática nas estações do metrô. Preste bem atenção às informações para comprar o cartão que realmente interessa. Se você pretende morar em Lisboa, o melhor negócio é o novo passe Navegante: por 30 euros pode-se pegar qualquer meio de transporte público (sai por 40 euros se incluir a zona metropolitana, o que garante seu passeio de trem a Cascais e Sintra). Ah, e se você é 65+, paga metade do valor.

Para agradar, há wi-fi em todas as linhas de ônibus. Nem sempre funcionam bem, não é bom depender disso.

Se quiser andar de **tuk tuk** e falar sobre literatura, pode procurar Tiago Salazar (+351 937025400), o jornalista e escritor, expert em Clarice Lispector. Pode conhecê-lo em www.tiagosalazar.com, e pela extensão do seu currículo, talvez ele já tenha abandonado os tuk tuks. Resta conferir.

Não se assuste, em Lisboa os aviões voam baixo. Muito baixo. Quando estive em Monsanto me preocupei ao ver um homem brincando com um drone, que me pareceu mais perto do que devia de um avião, Em quase todos os lugares pode-se ver os aviões em descida. Estranhei. Mas a explicação veio rápido: a cidade é pequena, 100 km quadrados, o **aeroporto** é perto do Centro, menos de 5 km. Ufa! Começaram a construir outro aeroporto para dar conta da demanda, bem mais distante, no outro lado do rio.

Passear é preciso. Viver Lisboa também é preciso

O Bairro da **Graça** é como Santa Teresa para os cariocas, Vila Madalena para os paulistanos, cheia de ladeiras e encantos. Certamente você irá dar um rolê por lá, aproveite bem o bairro e depois pegue o elétrico 28 e passe pelos pontos turísticos, descendo onde lhe aprouver. E qual turista resiste a um passeio no **elétrico**, que vai do Martim Moniz ao Campo de Ourique passando por 36 pontos encantadores? Fique atento, as calçadas da Graça são estreitas demais. Quando o elétrico passa, os mais medrosos se encostam na parede — o que não é necessário... mas quase. Muna-se de paciência quando estiver nessas calçadas porque que sempre haverá alguém 20 anos mais velho do que você andando à sua frente.

Um dos programas deliciosos em Lisboa é dar um pulo na **Feira da Ladra** (terças e sábados, o dia mais badalado). Quinquilharias diversas são vendidas, de potes de cerâmica a roupas usadas; de óculos transados vintage a roupas do exército. Há ainda diversos restaurantes para tornar o sábado mais agradável ainda. Uma sugestão, se o dia for de sol vá até a praça que encima a Feira e aproveite a vista — do Panteão e do Tejo — e o café do quiosque, que é um dos mais badalados na cidade.

Aliás, passear é verbo conjugado diariamente em Portugal. Com as temperaturas amenas no inverno, então, nada melhor do que flanar pela cidade. Uma parada pelas inúmeras praças é programa obrigatório para um café; um rolê pelos inúmeros **miradouros** da cidade vale muito a pena, pois você poderá ver a cidade em seus mais variados ângulos. Segundo a *Time Out*, a bíblia do entretenimento, há cinco obrigatórios: São Pedro de Alcântara, Portas do Sol, Santa Luzia, Recolhimento, Nossa Senhora do Monte.

Não hesite em perambular à noite pelos bares do **Bairro Alto**, motivo de alegria para os que gostam de um bom vinho, uma cerveja ou mesmo uma Água das Pedras bem geladinha (o que é o meu caso, fiquei tão viciada que compro aqui no Rio de Janeiro a preço de champanhe só para matar as saudades).

Belém tem muito mais coisas a fazer do que comer pastel — já estou sendo implicante agora. O imenso jardim, por exemplo, é delicioso para se caminhar, deitar na grama (dá para fazer isso, até no inverno) e apreciar a linda arquitetura e o sempre deslumbrante Tejo. Fui muitas vezes lá e em todas descobri um novo ângulo mais bonito do que outro. Olhe bem para o Centro Cultural Belém e o Jerónimos e vai se impressionar como os arquitetos Vittorio Gregotti e Manuel Salgado conseguiram fazer um projeto tão contemporâneo como o CCB ficasse parecido com o do Mosteiro. Dê uma olhada com vagar.

Um dos locais mais adoráveis de Lisboa é a **Ribeira das Naus**, entre a Praça do Comércio e o Cais do Sodré. No passado havia um estaleiro, e hoje há uma praia fluvial, onde não é permitido tomar banho, mas todos podem relaxar e tomar sol em espreguiçadeiras no calçadão. O Quiosque da Ribeira das Naus é também uma atração, com suas mesas ao ar livre, com a vista mais bonita do Tejo. Fica aberto de 10 às 14h e de 18 às 00h. Se o dia estiver esplêndido não deixe de apreciar o pôr do sol do local: com DJ tocando música suave, o local fica repleto de gente bonita e seus drinques coloridos.

Se você é uma pessoa que sabe ver mapas, parabéns. Eu sou daquelas que precisa passar pelos lugares, memorizar pequenas coisas e aí não me perder. Mas voltando a quem vê mapa, todo cuidado é pouco. Tenho uma sugestão para os cartógrafos: façam um mapa de Lisboa ressaltando os relevos. Nem o Google Maps, que funciona bem, indica qual o tamanho da encrenca. Algo que parece perto, e é mesmo, só complica quando há entre os dois pontos uma ladeira. E sempre há. Aqui você está sempre subindo, descendo e subindo de novo. Reza a lenda ou conta a história que em Lisboa há sete **colinas**. Meus joelhos na descida e a respiração na subida me alertaram, porém, que são, pelo menos 700. Última sugestão: calce tênis e vá às cegas mesmo, confiando na sorte. Como os antigos navegadores que iam para as Índias (ou assim diziam) e acabaram no Brasil.

O importante é não ter medo de conhecer Lisboa também a pé. Garanto que vai descobrir lugares lindos e quase desconhecidos, uma vila bem antiga, casarões restaurados e outros em ruínas, mas guardando uma beleza, enfim, locais que não são citados em algum guia. Descubra os seus. E não tenha medo das ladeiras, relaxe e aproveite.

Visite o site da revista *Time Out*, inscreva-se e receba semanalmente por e-mail um resumo de tudo o que acontece na cidade. São dicas preciosas de programas ao ar livre, restaurantes, o melhor dos mercados da cidade, enfim, tudo o que você precisa fazer para se inteirar do *must go* em Lisboa.

Se você quiser que sua passagem por Lisboa seja registrada por uma fotógrafa profissional, eu recomendo passar um dia com Carol Ventriglia. Além de conhecer os quatro cantos da cidade, ela é fotógrafa sensível e disputada pelas noivas de Lisboa, mas divide o seu tempo com esse **photo-tour**. Se você quiser conferir o trabalho dela — mas eu garanto que nem precisa — basta ir ao seu site ou folhear esse livro: se eu estiver na foto, é um clique de Carol. E digo que o sábado que passei com ela foi um dos programas mais divertidos que fiz em Lisboa. Instagram: @carolventrigliaphoto e @carolfotografaemlisboa.

Quem gosta de comprar levante a mão!

Há quem não resista ao vírus do consumismo. Sou uma delas, embora mais moderada do que no passado. Nada como a sabedoria que os anos trazem. Ou a falta de dinheiro. Ou os dois, não necessariamente nesta ordem. Lisboa é extremamente tentadora no quesito compras e seria melhor ainda se o euro não estivesse tão caro para nós, os brasileiros do real. Mas os compatriotas não se intimidam, basta andar pelas ruas do **Chiado** — *point* turístico — para ver as inúmeras sacolas de marcas famosas nas mãos dos felizes brasileiros. Aqui vão as minhas dicas:

 Se o seu orçamento for apertado, não hesite. Vá ao **Centro Comercial Colombo** (Av. Lusíada, 1500, metro "Colégio Militar") e entre na Primark. Ali você encontra tudo: roupas, acessórios e sapatos para homens, mulheres e crianças. Já vi pessoas comprando malas só para carregar as compras. Tudo é muito barato. Um suéter, por exemplo, bem ajeitadinho, custa 7 euros. Para uma carioca como eu, uma pedida certa, porque de nada me adiantaria um *cashmere* de marca para ser usado nas poucas vezes em que viajo no inverno. Dê uma olhada boa nas peças, porque há quem diga que também em matéria de moda o diabo mora nos detalhes. Pode ter um botão dourado a mais, uns rasgados fora de lugar nos jeans, mas nada que invalide a excelente relação custo-benefício. Os jeans são muitos e ótimos, pela bagatela de 15 euros. Adoro! Há lojas neste Centro Comercial, para todos os gostos e bolsos, como GAP, Zara, Michael Kors.

 Se o orçamento é largo, vá ao **El Corte Inglés** (Av. António Augusto de Aguiar 31, metro São Sebastião), loja de departamento espanhola que possui uma enorme filial aqui em Lisboa. Lá também tem tudo, mas não muito barato. Você pode passear pelas inúmeras grifes ou simplesmente buscar a Limited, que é a marca do magazine, onde tudo é mais em conta e um bom casaco forrado de plumas, daqueles bem levinhos, pode ser comprado por menos de 50 euros. Aproveite e dê uma olhada no último andar, no Espaço Gourmet, onde se pode comer muito bem. Se o tempo permitir, compre um gelado ("sorvete") na Nannarella e vá saboreá-lo no terraço, com uma bela vista. Se quiser pode comprar algumas coisas bem especiais, com o caviar Beluga Calvisius, que custa a bagatela de 799,99 euros. Por 100 gramas. Fiz as contas e daria para comprar 0,000001 gr. Bota orçamento largo nisso! Ou vá ao subsolo e compre um bilhete de cinema. Em dia de chuva, recomendo.

Se o dia for de sol, bom mesmo é uma ida à **LX Factory**. No domingo, especialmente, existe uma feirinha que reveza com as lojas do complexo a atenção dos passantes. Lá há lojas de design, *tatoos*, restaurantes, loja de sardinha, a torta de chocolate da Landeau (maravilhosa!) e outras muitas atrações que fazem esquecer as horas que passam. O destaque vai para a **LER Devagar**, uma livraria enorme onde ficavam (e ainda ficam!) as rotativas.

Se você é do tipo que curte lojas que vendem de tudo um pouco em matéria de gadgets, geringonças e bobaginhas, não pense duas vezes: vá à Rua da Prata e se delicie na **Tiger** e na **Ale Hop**. Elas estão em outros endereços, no Chiado por exemplo, mas na Rua da Prata se encontram uma quase em frente da outra. Ale Hop é espanhola, a Tiger é dinamarquesa e estão em toda Europa. Você quer um brinquedo maneiro para criança? Tem. Fone de ouvido? Também. Bule de chá? Ora, claro. Tudo a preços inacreditáveis. Na Tiger, especialmente, difícil é encontrar algo por mais de 4 euros.

Recheie o seu bolso ou a sua bolsa e dê um rolêzinho pelas lojas do **Príncipe Real**. Entrei em todas, apreciei e como não me locupletei em Lisboa, me escafedi. Mas vale a pena conhecer a loja Kolovrat, com roupas únicas criadas pela dona e feitas por seis costureiras que trabalham em cima da loja. Um par de meias custava 70 euros, mas a vendedora fazia por 40; a Stró e suas mantas, echarpes e bolsas em algodão puro ou em lã; a Amazing Store, que vende de óculos a caixas de som, tudo bem transado. E para mostrar intimidade com o bairro, pare na Cevicheria onde, às 4 da tarde, há sempre grupos nas mesas da calçada tomando champanhe. Estando no Príncipe Real, que tal visitar um lugar... brasileiro? A chrmosa **Casa Pau-Brasil** (R. da Escola Politénica, 42) tem *griffes* brasileiras (um sabonete Phebo sai a 5 euros!) e conta com uma filial da carioquíssima Livraria da Travessa.

No **Centro Cultural de Belém**, há lindas lojas. A minha preferida é uma com nome poético Mercadores de Memórias. Vende objetos, roupas e móveis do Sudeste Asiático. Fui salva em dia de muito frio por uma linda echarpe/xale de lã que enrolei no pescoço no mesmo momento e não desgrudei dela nunca mais.

O que há de melhor produzido em Portugal, especialmente no passado, pode ser encontrado em **A Vida Portuguesa**. Com quatro lojas em Lisboa, "A Vida Portuguesa nasceu com a vontade de inventariar as marcas sobreviventes ao tempo, a intenção de revalorizar a qualidade da produção portuguesa manufacturada e o desejo de revelar Portugal de forma surpreendente". A loja cumpre esta vontade com sabedoria: andorinhas em cerâmica, sabonetes aromáticos, temperos, ginginha, vinhos, sardinhas, azeitonas e azeites. Dá vontade de comprar absolutamente tudo, e se o seu orçamento permitir, faça-o e jamais se esqueça do que Portugal tem de bom.

Há coisas caras, que não valem a pena. Outras, merecem o investimento. Essa é só uma opinião. Neste contexto, recomendo uma loja que me faz abrir a carteira toda vez que estou na Europa: Camper, de sapatos confortáveis, duráveis e, na maioria dos casos, bem lindos. Em Lisboa uma das lojas Camper fica na Rua de Santa Justa, 78. Dê uma olhada, escolha, experimente e resista se for capaz.

Há uma loja na Europa que não deixo de visitar e, quase sempre, comprar algo: a Cos. Conhecida como a irmã chique da H&M (pertence ao mesmo grupo), privilegia o design e o preço bem mais módico do que as lojas de roupas de grife. Em Lisboa, ela se localiza na Avenida da Liberdade, 67. Vale a pena dar uma olhada, em especial porque nas liquidações os preços se tornam mais convidativos.

Não dá para deixar de citar as "Lojas China", que estão por todo o lado. São, como o nome diz, gerenciadas por chineses (alguns ainda não aprenderam a falar português) e têm tudo (e aqui "tudo" não é força de expressão) que se pode importar de lá: desde chaves de fenda a flores de plástico a fantasias a liquidificadores. Tudo junto e misturado, e, para algumas coisas, o preço é um "negócio da China". Não é uma experiência *fashion*, digamos assim, mas é perfeito para aqueles dias em que você precisa de fita métrica, uma forma de bolo, uma melancia de plástico e uma fantasia de viking. Fui tantas vezes a uma em Penha de França que o dono me cumprimentava efusivamente cada vez que eu entrava e, confesso, na hora de ir embora dei uma última passadinha para me despedir dele e das traças que habitam o local.

Comer, comer é o melhor para fazer crescer

Come-se muito bem nas tradicionais tascas, restaurantes simples, sem *chef* estrelado e espumas e invenções variadas. Come-se muito bem nas pastelarias. Esqueça o *fast food*, o que é raro em Lisboa, e delicie-se com rissoles, croquetes, pastéis (os nossos "bolinhos") de bacalhau e afins. Come-se muito bem, quando se opta por parar em um lugar de seu bairro e comprar comidinhas para levar para casa: saladas variadas, peixes empanados e muitos outros quitutes. Enfim, come-se bem em Portugal! E barato, o que é perfeito. Podemos até crescer um pouco... para os lados (se não fossem as ladeiras...). O melhor é que o preço é justo, especialmente porque você só paga o que comer do *couvert*, que vem todo embaladinho um a um — queijos, pães e manteiga. Resista à tentação para a conta permanecer bem justa. As bebidas são uma pechincha. Ou seja, tudo ao contrário do Brasil. Pelo menos no Rio de Janeiro se um prato custa 50 reais a conta será normalmente o dobro, de tanto penduricalho. Lá se um prato custa 12 euros, a conta vai ser mais ou menos 15 (fora o *couvert*). Gostei muito desse esquema.

Os meus restaurantes prediletos, sem uma ordem particular, nem sempre têm sites, mas sugiro que antes de ir entre em zomato.com/pt/portugal, que sempre dá informações, inclusive, o cardápio de quase todos os restaurantes de Lisboa. Nem sempre as informações estão atualizadas, mas dão uma boa noção do que vai encontrar à mesa.

N'**O Imperador**, na rua Conde de Sabugosa 5, refestelamos com lulas grelhadas com espinafre e batatas cozidas e pescadinha com arroz de tomate. As sobremesas são bem fracas, fuja delas. Preço: 15 euros por pessoa. Confira sem medo e esqueça os doces.

Eu, minha família e amigos que por aqui chegaram viramos fãs do **Rui dos Pregos**, em Belém, na Rua da Junqueira, 506. Lá pede-se um polvo à lagareiro de comer rezando um rosário. É delicioso. Todas as vezes em que fui lá, pensei em pedir outra coisa, variar, mas meu coração decidia na hora pelo polvo. As sobremesas são deliciosas, recomendo os doces da casa, deliciosas misturinhas de sabores e texturas. Com uma Água das Pedras para rebater é prazer absoluto. Também na faixa dos 15 euros. Se optar pelo prego — aparentemente a especialidade da casa — sai mais barato. Prego? Sim, um bom filé no pão ou no prato. Há 12 Rui dos Pregos por Portugal. Pode procurar aonde for.

No Centro Cultural de Belém, na Praça do Império, há um restaurante superinteressante, com comida italiana e japonesa, um *fusion* que deu certo porque ou se come uma ou a outra, não são misturadas. Chama-se **Este/Oeste** e é charmoso demais. Na parede há um quadro com a palavra "Serendipity", cuja tradução significa uma boa descoberta por acaso. Foi exatamente isso que aconteceu, quando o frio, a fome e o cansaço nos fizeram abrir a primeira porta que encontramos onde parecia haver comida. E que delícia! Preço médio dos pratos: 20 euros.

Recomendo também outro lugar descoberto por acaso, pouco depois de sua inauguração: **Beher**, na Rua de Santa Justa 4. O carro-chefe da casa é um premiado presunto — produzido pela Beher, marca espanhola de produtos conceituados — de comer de joelhos, em variadas formas: sanduíches fartos (sandes), *bocaditos* (também sanduíches, mas bem menores) e alguns pratos quentes, com porco predominando. A casa é chique e o preço convidativo. Por 50 euros, eu e minhas queridas amigas LM e MIF nos esbaldamos.

Ah, os rissoles! Já tiveram um capítulo dedicado a eles. A **Pastelaria Versailles** é uma das mais tradicionais de Lisboa, e fica na Av. da República 15. Na *Time Out* portuguesa, ela é assim descrita: "Entrar na pastelaria mais clássica desta zona é como regressar aos anos 20 (ou assim o imaginamos). Há pinturas dos jardins de Versailles do pintor Benvindo Ceia e vitrais de Ricardo Leone, num projecto da autoria do arquitecto Norte Júnior. Os tectos são trabalhados, os espelhos em *art nouveau* e os candeeiros de cristal, motivos mais que suficientes para se sentir à vontade para comer um saboroso croquete de faca e garfo. Se quiser faça o mesmo com um *palmier*." E, com certeza, muitos rissoles, que são generosos no tamanho e no recheio. Os preços não são pechinchas, mas valem pelo sabor e pelo *décor*.

A **Cervejaria Ramiro** é citada em todos os guias de viagem e indicada pelos motoristas de táxi quando passam no número 1 da Avenida Almirante Reis. Com mais de 60 anos de existência ganhou visibilidade mundial depois que o falecido chef Anthony Bourdain — que falta faz! — fez um programa sobre a casa, que considerou a melhor de Portugal. As filas de espera aumentaram muito depois disso, tirando o sossego dos antigos frequentadores da casa enorme de dois andares, mas certamente dão alegria aos donos do negócio. Os garçons são simpáticos, mas prepare-se: não pense que vai comer em um restaurante comum. Lá é o paraíso dos mariscos e frutos do mar portugueses e o pedido é feito por gramas de santola, sapateira, berbigões, lambujinhas, percebes e amêijoas. Acompanhamento? Nem pensar. À mesa chegam os famosos frutos do mar e pão torrado com manteiga, e mais nada. O meu grupo hesitou bem para escolher, porque foi pego de surpresa — o que não vai acontecer com você. Mas comemos alguns tipos de camarão, uma porção de sapateira e para uma, para quem as sugestões não apeteciam, um clássico também da casa: o prego no pão. A conta é salgada para padrões lisboetas, mas afinal frutos do mar são caros em qualquer lugar. Paga-se 68 euros pelo quilo de gamba (camarão) tigre gigante (é claro que ninguém pede um quilo) e 12 euros pelo quilo de ostra, só para exemplificar. Acho que uma média de 40 euros por pessoa é o que se paga por um cardápio, senão maravilhoso para alguns, certamente diferenciado.

Hesitei muito em ir ao **Jamie's Italian** na Praça do Príncipe Real 28. Temia deixar as calças por lá, mas munida de coragem me aventurei na franquia do estrelado chef — em apuros na Inglaterra — Jamie Oliver. E lá voltei outras vezes. O cardápio é bom, os preços são humanos, são gentis com crianças, a quem oferecem um cardápio infantil maneiro, e as sobremesas — ah, as sobremesas — merecem uma oração ao santo das gulodices e gordices. Os pratos custam em média 15 euros, as entradas, 8 euros e as sobremesas — ah, as sobremesas — 5 euros. Eu sugiro o Epic Chocolate Brownie, com sorvete de caramelo e pipocas caramelizadas. O lugar é charmoso, assim como os atendentes. Quem diria que eu recomendaria um restaurante no Príncipe Real! Pois bem, aí está.

E dou bis de outro italiano bom no Príncipe Real, o **Zero Zero**, na Rua da Escola Politécnica, 32. Se você optar pelas mesas na varanda, estará praticamente dentro do Jardim Botânico, o que é bem agradável. Os risotos são deliciosos e custam em média 16 euros e as pizzas, grande sucesso da casa, pelo menos quando lá estive e observei as mesas vizinhas, também têm esse preço médio. Com bebidas não alcoólicas e sobremesas, 25 euros por pessoa. No Parque das Nações há outro Zero Zero.

O restaurante **Lautasco** é um dos motivos para uma ida à Alfama — entre milhares de outros, claro. Fica no Beco do Azinhal 7 e, para que você não se perca, aqui vai uma dica fundamental. Ao chegar ao Largo do Chafariz de Dentro, entre na rua à esquerda. O Beco do Azinhal estará logo adiante, no beco à direita. Escolha uma mesa fora e coma com prazer debaixo de uma grande árvore. As sardinhas fritas são deliciosas. Os pratos custam, em média, 15 euros, e são fartos.

O restaurante **O Pitéu**, na Graça, é paixão antiga. Pouco me recordo das viagens que fiz nos anos 1990 à Lisboa, mas do Pitéu jamais esqueci. Pequeno, muito concorrido, o restaurante no Largo da Graça 95 é pedida certa para quem quer comer bem. Feche os olhos, aponte para qualquer item do cardápio e vá sem medo. Às segundas feiras eles servem um dos pratos prediletos dos frequentadores, pataniscas de bacalhau com arroz de feijão (não, não é o arroz *com* feijão do Brasil). As porções são generosas e até os mais gulosos topam a ofensa de dividir o prato. Para os amantes da carne, sugiro efusivamente vitela no tachinho com legumes ou os bifinhos de porco preto grelhados. Ou qualquer outra coisa, porque tudo será uma delícia. Os garçons fingem ser mal-humorados, mas possuem um senso de humor delicioso. Um dia, de brincadeira, disse que ia embora sem pagar, no que um deles me respondeu: "pode ir, o restaurante não é do meu pai." E rimos depois de um lauto almoço. Os pratos custam em média 13 euros. E que pratos!

Estava hospedada em dezembro bem em frente ao restaurante **DaVito**, na loja 15 do Mercado dos Sapadores. Não dei a menor bola por dias, mas em determinado momento decidi arriscar. Que grata surpresa: pizza deliciosa, feita no forno de lenha, massas saborosas e al dente, como manda a boa tradição italiana. De terça a sexta oferecem um almoço executivo por preços bem módicos. No jantar, no cardápio normal, os preços são também bem razoáveis, especialmente porque o serviço é também ótimo e o lugar absolutamente charmoso.

Se você gosta mesmo é de carne, uma boa dica é o restaurante **Cabaças** (Rua das Gáveas 8, bem ao pé do Camões). Ambiente pequeno, um pouco enfumaçado porque, dentre as especialidades da casa, se destacam o naco ou a picanha na pedra. Vale a pena conferir. Para continuar na saga do mar, há arroz de polvo e arroz de marisco, bem servidos e a preços módicos, em média 30 euros para duas pessoas.

Já citei em algum momento no livro o restaurante **Mezze**, no Mercado de Arroios (Rua Ângela Pinto, 12), mas aqui conto mais. A palavra mezze tem sua origem na expressão árabe "alloumaza", que significa aquilo que é degustado, saboreado delicadamente com a ponta dos lábios. É também sinônimo de diversos acepipes a serem degustados em comunhão. Perfeito nome para um restaurante que é considerado o melhor de culinária síria. Há uma grande mesa comunitária no centro da sala e mesas individuais na lateral. Peça sem medo de errar falafel, salada fatouche, kibe, os mais conhecidos, ou arrisque pedir algo mais inusitado como lentilhas pretas, tamarindo, cebolas fritas e coentro em massa caseira. Há diferentes mezzes, combinação de vários pratos, por 13 euros e diversas pedidas individuais. Aproveite.

Para encerrar, que essa lista já se alonga, um bom lugar para se experimentar diversas coisas é o **Time Out Market**, no Mercado da Ribeira. São dezenas de ofertas de comida, da japonesa à tradicional portuguesa; dos presuntos aos croquetes; dos pastéis de nata aos sorvetes, incluindo balcões dos mais renomados *chefs* portugueses Gire os olhos, faça uni duni tê e divirta-se com a sua escolha. Na temporada turística, no entanto, seu apetite pode ser estragado pela luta na hora de conseguir um banco. Uma alternativa ao Time Out, em escala bem menor, é o Mercado de Campo de Ourique, com menos opções mas com charme (e mais lugares para se sentar).

Se estiver hospedada pelos lados de Penha de França, segue aqui uma sugestão: o **Galito's** na Praça Paiva Couceiro, lugar pequenino e cheio de delícias para serem levadas para casa. Eu recomendo a salada de polvo e, novamente, os rissoles. Na Rua da Graça, para quem está no bairro, não desanime ao seguir a minha recomendação de comprar um frango na brasa com batatas fritas no número 72. É uma biboca minúscula, mas as filas só comprovam a qualidade. Se você estiver por Lisboa nas festas de fim de ano, não hesite: encomende ali um leitão. Garanto que você vai me agradecer. E nas lojas que vendem comida compre sem pestanejar as batatas chips preparadas na casa. São deliciosamente crocantes, sem aditivos e continuam apetitosas mesmo depois de alguns dias na sua casa e fora da geladeira.

Um voltejo de Lisboa ao Porto

Se for alugar um carro, eu recomendo a Sixt. Carros ótimos, preço bom e atendimento nota 1000. Eles explicam absolutamente tudo sobre a burocracia e detalhes do carro. Além disso, os pontos de coleta e entrega, pelo menos em Lisboa e no Porto, são estrategicamente localizados, perto da saída e da entrada das cidades, o que facilita muito a viagem. Já imaginou alugar um carro e cair em um intrincado de ladeiras? Aceite a sugestão de colocar um *gadget* eletrônico que garante que os pedágios irão diretamente para o seu cartão de crédito, senão precisará pagar no correio dois dias depois se passar por um lanço com portagem eletrônica (sim, é assim que se chama o pedágio sem assistente). Pense bem na sugestão de pagar o preço de um tanque cheio na coleta do carro e assim poder entregá-lo com tanque vazio. Assim fizemos, mas gastamos pouco mais de meio tanque de Lisboa ao Porto. Ou seja, demos gasolina para a Sixt. Calcule, e se não for capaz, aceite o tanque cheio e seja feliz.

Uma das grandes distrações na viagem de carro é ler o nome das cidades pelo caminho. Anotei alguns: A da Gorda, A das Cunhadas, Linda-a-Velha, Montemor-o-Novo, Idanha-a-Nova, Albergaria-a-Velha, Pampilhosa da Serra, Carregal do Sal, Famalicão. Adorei todos! Ainda volto para conhecer.

As estradas são maravilhosas e não hesite em sair das autoestradas (são 42 cortando Portugal). A que liga Lisboa a Porto é a A1, mas saímos muitas vezes para pequenas estradas litorâneas e não nos arrependemos. São pequenas e bucólicas. Quando cansar, volte para a autoestrada, normalmente com três pistas, asfalto sem buracos e motoristas que correm, mas em segurança.

Em **Óbidos**, recomendo se hospedar na Casa Picva, na rua Porta Senhora da Graça s/n (+351 919155094). E um restaurante maravilhoso: o Lumem, no Josefa d'Óbidos Hotel. E não pulem as entradas, comi uma alheira envolta em massa filo acompanhado com pera rocha, de comer rezando. Dê uma passada na Capinha d'Óbidos, uma loja de pães e bolos com receita familiar de 130 anos. Da família Capinha, é claro!

Em **Coimbra**, o Hotel Oslo funciona bem para hospedagens curtas. É bem na baixa do Centro Histórico, a equipe é atenciosa, o café da manhã é delicioso e há manobristas e garagem. Só o quarto que não é nada demais, bem pequeno, assim como o banheiro. Endereço e Telefone: Hotel Oslo Coimbra, Av. Fernão de Magalhães, 25, (239 829 071).

Em **Nazaré**, como em quase todos os lugares de praia, ficar sentada na orla vendo o mundo passar à sua frente é um grande divertimento. Há diversas opções de restaurantes, normalmente servindo a boa e velha comida portuguesa, Entre, peça umas sardinhas fritas, um copo de vinho e divirta-se. Para visitar a ermida de Nossa Senhora de Nazaré, conferir as ondas gigantes (se for a época) e se deleitar com uma vista deslumbrante, prefira subir pelo funicular.

A previsão do tempo em Portugal funciona bem e isso é fundamental quando estamos em viagem. Eu, que sou meteorologista (por essa você não esperava!), ou pelo menos cursei o ensino médio entre nuvens, ventos, umidade e barômetros acho que hoje em dia previsão virou constatação. Alguém abre a janela e avisa a quem está atualizando o site: "coloca aí, chuva leve". Mas em Portugal dá para ver na véspera o que acontecerá no dia seguinte. Sendo assim, se for chover, esqueça de passear pelas orlas, carregue o guarda-chuva e esconda-se nas igrejas, lojas e museus. Que são muitos e lindos.

Ou melhor, revisando o que acabei de escrever: vá muito aos museus, mesmo em dias de sol, porque são maravilhosos. Só no distrito do **Porto** a escolha é grande: Casa-Museu Teixeira Lopes, Centro Português de Fotografia, Galerias Diogo de Macedo, Museu de Arte Contemporânea Fundação de Serralves (só o jardim já vale o passeio!), Museu Nacional de Soares dos Reis, Museu de História e Etnologia da Terra da Maia, Museu Municipal de Paços de Ferreira, Museu Arqueológico da Citânia de Sanfins, Museu Municipal de Penafiel, Museu Municipal de Etnografia e História da Póvoa de Varzim, Museu Municipal Abade Pedrosa, Museu de Vila do Conde, Museu Militar do Porto, Núcleo de Arqueologia do Museu Municipal de Baião, Super Bock Casa da Cerveja. Deixo para o fim a Galeria da Biodiversidade, para mim a joia da coroa museológica.

Com a alma cheia depois dos museus, nada como cuidar do corpo e comer bem, outra coisa fácil em Portugal. No Porto, aceitamos a sugestão do amigo VR e fomos ao Luso, restaurante moderno na aparência, mas com uma história que começa em 1935. Escolha o que mais lhe aprouver e saiba que vai comer bem. Soube por amigas, porém, que lá estiveram à noite para um show de fado, que não valeu muito a pena.

As ruas do Porto têm dono. Como assim? Brincadeira: na verdade me encantou saber que estava na Rua de Mouzinho da Silveira. E que para fazer compras, nada melhor do que a Rua de Santa Catarina, endereço tanto do tradicional Café Majestic (onde turistas pegam fila para tomarem um café de 5€!) quanto de shopping modernos. Logo ali fica o antigo Mercado do Bolhão, que vale a visita

Finalizando, na esquina da Rua de Mouzinho com a Travessa da Bainharia onde ficamos hospedadas no Oporto Invite Ribeira (um apart supertransado), há uma loja incrível: Meia Duzia. Quem vê a vitrine se surpreende com tubos que parecem de tinta. Ao entrar, outro estranhamento: chocolate para comer com carne está escrito em uma etiqueta. Aclarando: são sabores que realçam o que se come. Por exemplo, um doce de figo com laranja para comer com queijos. É divino. Ou um chocolate negro com ananás dos Açores que "monta" com um bife. Há ainda diversos tipos de mel e muitas variedades de chás. Uma festa para os olhos e para o paladar.

Uma das coisas mais bacanas a se fazer no Porto é visitar a **Lello**, uma das livrarias mais bonitas do mundo. Pena que centenas de turistas achem a mesma coisa, especialmente depois que "viralizou" a informação que J K Rowling passava suas horas vagas na Lello e foi lá que se inspirou e escreveu a saga Harry Potter. Hoje em dia há enormes filas, em que se misturam amantes da literatura em geral e os adoradores de Harry, em um mix bem engraçado, se você for paciente. E o ingresso é pago, mas você pode usá-lo como crédito para comprar livros.

Agradecimentos

Para Isabel Gomes, Marcus Soares, Lula Carvalho e Fábio Giagio — família que não esconde o orgulho que sente de mim, o que me impulsiona cada vez mais;

Para as amigas/irmãs Valéria Schilling, Maria Ignez França e Beatriz Radunsky que "compraram" a minha ideia e me permitiram realizá-la;

Para as outras "irmãs" Marisa Prado, Suema Souza, Aida Leiner e Deborah Berman, que acompanharam de longe a minha jornada, sempre na torcida;

Para Carolina Ventriglia, maravilhosa fotógrafa, que fez um ensaio lindo da minha despedida de Lisboa;

Para Carla Edel, que me salvou com uma receita de rissole e foi companheira mais uma vez na volta por Paris;

Para Cacá Valente, que me ajudou no glossário, com as expressões do Norte de Portugal;

Para Stephane Massaro, por ter compartilhado uns dias em Lisboa comigo;

Para Tahir Shah, por ter me impulsionado, mesmo sem saber;

Para Rubens Ewald Filho (*in memoriam*), o amigo mais generoso do mundo que me deu a oportunidade de uma nova carreira;

Para Joel Silveira *(in memoriam)* por ter sido o melhor cicerone em Portugal que uma jovem jornalista podia ter;

Para Clarinha *(in memoriam)* e Beth *(in memoriam)*, primas que compartilharam tantos momentos importantes da minha vida e me deram sempre apoio para eu chegar até aqui;

Para Ney Latorraca, cujo nome não foi citado no meu livro anterior e aqui me penitencio porque ele é amigo querido de todas as horas — as de risada e as de luto;

Para todos que acompanharam a página 100 dias em Lisboa e deram força para que esse livro se tornasse realidade;

Para Isabel, de novo, por ter tido o trabalho de escrever um dos capítulos;

Para Maria Ignez França, de novo, por ter feito com tanto capricho e carinho a preparação do texto, cortando e acrescentando sempre para melhor;

Para Julio Silveira porque, se não fosse ele, esse livro seria apenas mais uma ideia.